刘彦斌的理财之道

刘彦斌——著

中信出版集团 | 北京

图书在版编目（CIP）数据

刘彦斌的理财之道 / 刘彦斌著 . -- 北京：中信出版社，2019.4 （2019.11重印）

ISBN 978-7-5217-0074-9

Ⅰ. ①刘… Ⅱ. ①刘… Ⅲ. ①私人投资—通俗读物 Ⅳ . ① F830.59-49

中国版本图书馆 CIP 数据核字（2019）第 026717 号

刘彦斌的理财之道

著　　者：刘彦斌

出版发行：中信出版集团股份有限公司

（北京市朝阳区惠新东街甲 4 号富盛大厦 2 座　邮编　100029）

承 印 者：三河市中晟雅豪印务有限公司

开　　本：880mm × 1230mm　1/32　　印　　张：5.25　　字　　数：96 千字

版　　次：2019 年 4 月第 1 版　　印　　次：2019 年11月第 3 次印刷

广告经营许可证：京朝工商广字第 8087 号

书　　号：ISBN 978–7–5217–0074–9

定　　价：48.00 元

服务热线：400–600–8099

投稿邮箱：author@citicpub.com

目　录

前言

这是一本写给年轻人的理财生活书。我们每个人的生活都离不开金钱，金钱是生活的必需品，而管理好金钱会让你的生活更美好。所谓管钱 ，就是理财。所以我讲，理财是一种生活技能，掌握好理财技能，对于提高你的生活质量是大有帮助的。青年时期是一个人一生中最重要的时期，也是人生最美好的时期，这个时期的年轻人要实现人生中一系列的重大生活目标：结婚、生子、买房、买车，而要实现这一切的生活目标，就必须做好财务上的安排。也就是说，在这个时期，你一定要理好你家的财，因为这关乎你和家人的生活是否幸福。而现在的年轻人普遍缺乏理财知识，无论是中学还是大学，学校的课程设置中都没有关于理财教育的课程，导致年轻人走上社会后对理财一无所知，甚至把自己的生活搞得一团糟。

我们来看一些年轻人的理财乱象：有些人年纪轻轻就是“月光族”，有些人年近 30 岁还没有存款；更有甚者，还借贷消费，欠了银行一屁股债，最后用父母的养老金还债；有些人结了婚不敢要孩子，不是不想要孩子，而是因为没有钱养孩子；有些人结婚买房首付不够，向父母要钱也就罢了，连每月的房贷都要父母支持一部分；有些人没有任何投资常识和知识，把自己仅有的一点儿积蓄投入股市，还给投资加杠杆，最后血本无归；有些人被投资项目宣称的所谓“无风险高回报”诱惑，陷入庞氏骗局，赔光了自己的血汗钱；有些人的家人生了一场大病，由于没有购买保险，使整个家庭陷入财务困境，甚至需要卖房、卖车才能支付医院的费用；还有些人处理不好婚姻中的金钱关系，夫妻之间经常吵架，甚至以离婚收场。以上我说的现象或多或少正发生在你身上或者你的朋友身上，它正在影响你的生活，所以有必要引起你的高度重视。所有这些问题都是理财问题，也是你生活中躲不过的问题，我的这本书就是要帮你解决这些问题。

本书共七章：第一章是本书的总论部分，是我独创的理财的“水库”理论，阐述的是理财的观念和方法；第二章至第七章是我独创的“六个一生”理论，其中，第二章和第三章阐述的是攒钱的问题，第四章阐述的是生钱的问题，第五章至第七章阐述的是护钱的问题。

第一章：理财的水库理论。本章以我独创的理财的“水库”理论为基础，提出了理财的八字方针：管钱、攒钱、生钱和护钱。其中，管钱是理财的核心，攒钱是理财的起点，生钱是理财的重点，护钱是理财的保障。这个八字方针也就是理财的一个中心、三个基本点。本章回答了什么是理财、为什么理财和如何理财的问题。

第二章：一生恪守量入为出。本章主要阐述的是攒钱的问题。我在这一章中提出了不当“月光族”、不当“啃老族”、要当“延迟族”、要当“买房族”，改掉消费坏习惯的观点，并提出了向自己收取“按揭款”的强制储蓄方法。

第三章：一生规避债务缠身。本章针对负债消费的现象，从债务的分类、债务的起因、负债的代价、债务的规避和债务的偿还等五个方面，对债务问题进行了详尽的分析，提醒人们对债务问题有清醒的认识，尽早摆脱债务的困扰。

第四章：一生坚持组合投资。投资是理财的重点。如何管理好你的投资组合，使你的资产在保值的基础上稳步增值，是你应该重点关注的问题。本章主要对储蓄、债券、股票、基金、P2P 等投资工具进行了介绍，并且告诉你如何配置这些投资工具。本章阐述的是生钱的问题。

第五章：一生远离投资陷阱。在理财的道路上，你可能会遇到各种各样的投资陷阱，稍有不慎，你就会落入投资陷阱，损失钱财。本章列举了几种典型的投资陷阱，并对各种投资陷阱的特点进行了分析和总结，提出了避免陷入投资陷阱的建议，希望你能认真阅读并牢记，避免自己今后落入类似的投资陷阱中。

第六章：一生别让财富裸体。一个人活着就要穿衣服，不穿衣服的人被称为裸体的人；而保险就是财富的衣服，没有保险就意味着财富裸体。本章系统地介绍了主要的保险产品，并告诉你如何明明白白买保险。

第七章：一生重视婚姻理财。从财务的角度讲，婚姻本身就是理财。处理好婚姻中的财务问题，对婚姻生活是否美满起到至关重要的作用。研究表明，婚姻中的矛盾，80% 是由金钱问题引起的，学会处理婚姻中的金钱问题，可以减少很多婚姻中的矛盾，让家庭生活更幸福。

本书的顺利出版，首先要感谢我亲爱的爸爸和妈妈，我在书中提出的很多观点都是和二老反复讨论后产生的。我把这本书献给爸爸和妈妈，祝福二老健康长寿。

理财是每个人生活中不能回避的问题，要理好财首先要树立正确的理财观，其次是掌握正确有效的方法。我希望把自己从事理财研究的一点儿体会跟大家分享，希望看了这本书的人能够有所借鉴、有所启发。衷心希望大家生活幸福！

刘彦斌

2018 年 10 月于北京

第一章 理财的水库理论

我们生活在一个商品社会，每一天的生活都离不开金钱的陪伴，没有了金钱的支撑，你在这个社会上是寸步难行的。那么你会问：金钱从哪里来呢？其实一个人要想有钱，无非通过两个途径：一是工作，二是理财。工作是赚钱，而理财是管钱，所以你要想一辈子有钱花，一定是左手抓工作，右手抓理财，两手都要抓，两手都要硬。下面我们就来讲什么是理财、为什么要理财和如何理财。

● 什么是理财

理财是指一个人或者一个家庭为了实现自己的生活目标，而合理管理自身财务资源的过程。从你独立工作有收入开始，一直到你离开这个世界，这个过程都始终伴随着你，因为你每一天的生活都离不开金钱的陪伴。我们讲得通俗点，理财就是以“管钱”为中心，通过抓好攒钱、生钱、护钱三个环节，管好你现在和未来的现金流，让你的资产在保值的基础上实现稳步、持续的增值，让你的兜里什么时候都有钱花。理财的最终目的是实现财务自由，让你的生活幸福和美好。

我们换用一种更形象的说法，你的收入像一条河流，财富就像是一个水库，花出去的钱就是流出去的水，理财就是开源节流，管好你家的水库。财富是被存储下来的收入，而理财是为了明天的生活存储今天的财富，理财就是要做到未雨绸缪，为了明天的支出提前做好财务上的安排。我们顺便解释一下什么是财富。所谓财富，是指你从今天开始不工作还能让你活下去的天数。

图 1–1

• 为什么要理财

人的一生，从出生、幼年、少年、青年、中年直到老年，各个时期都需要用钱，所以你家的“水库”里必须有水，才能应对各种各样的生活需要。下面，我们来看看人的一生中都面临哪些重大的财务需求。

理财是应对恋爱和结婚的需要

对绝大多数人来讲，恋爱和结婚是人生必经的过程。恋爱需要钱，结婚也需要钱。我们先说说恋爱。我常说，没有钱光有爱情是不够的，女孩子都喜欢浪漫，但是没有钱就没有浪漫。恋爱的时候，很多女孩子都喜欢吃烛光晚餐。但是，如果你没有钱，那么你只能带女朋友去吃路灯晚餐，吃不了烛光晚餐。我曾经在电视台看到一个访谈节目，采访一对年轻的演员夫妇，他们讲了一个在自己身上发生的真实故事。男主人公是一位演员，在他和他的女朋友还没有确定恋爱关系时，有一次女朋友突然给他打了一个电话，并在电话里向他哭诉。他问："怎么了？"女朋友说："我出事了，你过来一趟。"他放下电话，匆匆地出了校门。他出校门的时候，兜里只有 90 元钱。他平时去找女朋友都是骑自行车，这次因为心里着急，打了出租车过去，结果只剩下了 70 元钱。见到女朋友后，女朋友说："我的钱包被人偷了，钱、身份证都被人偷了。"他安慰了女朋友一番。女朋友说："我今天心情特别不好，想去大吃一顿。"他一听女朋友这样讲，心里就哆嗦，因为他没有多少钱。幸亏女朋友带他进了一家家常菜饭馆。女朋友点了一个汤、一个菜，还有一瓶饮料。他跟主持人说："我当时没有心情吃这顿饭，我默默地等着最后时刻的到来。"最后时刻到来了，服务生拿着结账单走了过来。他心里非常担心，生怕花的钱太多，自己拿不出来。服务生把结账单往他面前一放，说："70 元。"他的心一下放了下来，男人的自尊也回来了。我们从这个小故事可以看出，谈恋爱是需要钱的，如果没钱，那么你交女朋友都是困难的。

不言而喻，结婚也是需要钱的。

再说一个小故事。我看过一个讲感情类的访谈节目，节目中有男女主人公互相倾诉的一个情节。我看到，女主人公拉着男主人公的手说："亲爱的，我们结婚吧。"男主人公说："我觉得我们最好再等等，我们现在还年轻，要以事业为重。"这时候女主人公说："我和你恋爱都八年了，八年抗战日本鬼子都走了，可你为什么还不娶我？"当时我看这个节目的感觉，就是那个男人说不结婚是因为自己家里的水库没有那么多钱，结婚是需要花钱的。如果两个人要结婚，那么按照中国习俗，结婚时要有自己的住房，买房不仅需要凑够房子的首付款，还要准备好装修、家具、电器和生活用品的费用。除了房子的费用，你们俩还得准备好婚礼的费用、蜜月旅行的费用等。你们自己算一下，不算不知道，一算吓一跳。所以，你们在结婚前，一定要为婚姻准备一笔钱。

理财是应对生育和抚养子女的需要

从孩子出生，到孩子上幼儿园、小学、中学和大学，每个时期都需要用钱。因此，抚养子女也是理财中涉及的一个很重要的问题。在生孩子的时候，你的家庭就面临这样一种财务现象：涉及家庭的支出在增加，而家庭的收入在减少。一般的家庭都是夫妻二人工作，获得工资收入。大多数人的工资都由两部分组成，包括基本工资和绩效工资。在你妻子生孩子、休产假期间，她只能领到基本工资而领不到绩效工资，因此家庭收入减少了，但是，家庭的支出却在增加。现在在医院生孩子一般要花大几千元，如果你要到月子中心生孩子，那么你要花费更多的钱。孩子生下来就需要有人照看，需要请保姆，请保姆要花钱，孩子的奶粉、尿不湿、看病等，都需要花钱。为此，你们俩决定在生孩子之前，要做好财务上的安排。什么时候生孩子，不仅仅是生理问题，更是一个财务问题。生孩子可不是随机事件。

孩子长大后，更要花钱。从幼儿园到小学、初中、高中、大学，需要持续地花钱。因此，在生完孩子后，你们俩就要有意识地做一些储蓄和投资，为孩子持续受教育创造良好的经济条件。

理财是应对提高生活水平的需要

每个人都希望过上越来越好的生活。从租房子到自己买房子，从没有汽车到自己拥有汽车，从普通汽车换到更高级的汽车，这是人们的普遍愿望。要提高生活水平，就需要金钱的支持。

理财是应对赡养父母的需要

人们常说“不养儿不知父母恩”，父母对你的恩情是你一辈子用任何方式都报答不完的。赡养父母是每个人应尽的义务。现在有些年轻人的父母有比较稳定的收入，有社会医疗保险，这就会减少年轻人在财务上的负担。但是也有一些人，他们的父母没有稳定的收入，父母养老就需要他们提供财务上的支持。因此，很多年轻人每月都需要有固定的钱供父母养老。

人年纪大了容易生病，如果父母生病或者发生其他的意外，那么也需要从你们家的水库中拿钱。因此你们家的水库应该准备一份钱用来应对父母的意外需求。此外，如果你的经济条件允许，那么你还应当帮助父母提高生活水准，请他们出国旅游，陪他们出去游览，丰富他们的晚年生活，这些都需要财务支持。

理财是应对意外事故的需要

人们常说“天有不测风云，人有旦夕祸福”。有时候，会有很多意想不到的事情发生。我们需要防范交通事故、家人罹患重大疾病的风险；再比如你是一名医生，在你给病人动手术时，由于各种原因，病人死在手术台上，病人家属向你索赔……这些意外的事故都会对你的生活产生非常重大的财务影响。这就需要你预先购买保险，给这种意外事故提供经济保障，否则你就会陷入巨大的财务困境。

一个人需要买保险，就如同一个人需要穿衣服，一个没有保险的人，就如同一个裸体的人，我们称之为“财富裸体”。

理财是应对养老的需要

人人都会有晚年，都会有干不动工作的时候。怎么来安度自己的晚年，这是人人都要面对的问题。现代人的寿命长了，人人都有可能活到 80 岁甚至 90 岁。而现在基本上都是 421 家庭，你要是指望你的儿女，他们为 4 位老人养老，这是不现实的。第一，父母都不想给儿女增加麻烦；第二，即使儿女有赡养父母的孝心，他们在精力上和财力上也承受不了。再有，在你退休以后，你的收入必然会减少，在这种情况下，你要想有一个幸福的晚年，就需要在中年时未雨绸缪，通过储蓄、保险、股票、基金和房产等多种理财工具，为你晚年的生活积累财富。

人穷志短，如果你没有钱，可能老了以后就得看别人的脸色活着，这样的老年生活是没有尊严的。而如果你年老时有钱，那么很多问题都可以迎刃而解，你可以请保姆，也可以住进养老院，过上优裕的晚年生活，而且不给子女增加麻烦，这是大多数老人的心愿。人一生中最大的不幸，是晚年生活的不幸，而引起晚年生活不幸的一个重要的原因就是没有钱。

我们总结一下理财的好处：

1. 有利于平衡收支，让生活无忧。

2. 有利于改善生活品质。

3. 有利于保障财务安全。

4. 有利于造福父母子女。

5. 有利于安度晚年。

6. 有利于和谐家庭关系。

上面这 6 个“有利于”，集中到一点，就是有利于构建和谐家庭。家庭是社会的细胞，如果和谐家庭建设好了，那么不言而喻，它必将有助于构建社会主义和谐社会。

● 如何理财

要有积极的生活态度和思维方式

态度决定思路，思路决定出路，不同的生活态度和思维方式会导致不同的结果。注重理财是一种积极的生活态度和思维方式。月光族则反映了一种消极的生活态度和思维方式。下面我们讲两个小故事。首先讲一个积极的故事。

有一个举人进京赶考，住在一个客栈里。考试前两天，他做了三个梦。第一个梦里，他梦见自己在墙上种了一棵白菜。第二个梦里，他梦见自己在下雨天戴着斗笠，还打着伞。第三个梦里，他梦见自己和心爱的表妹躺在一起，但是是背靠背。这三个梦听起来似乎都有一些奥妙。举人第二天起来，就找算命先生解梦。

算命先生说："我劝你赶紧回家。高墙上种白菜，那不是白费劲吗？戴着斗笠打雨伞，那不是多此一举吗？和表妹躺在一张床上，但是背靠背，那不是说明没戏吗？"举人一听，心灰意冷，准备收拾东西回家。

老板娘感到非常奇怪，说："你不是明天考试吗？怎么今天就回家了？"举人就如此这般说了一番。老板娘一听乐了，说："我也是会解梦的，我倒是觉得你这次一定要留下来。你想想，高墙上种白菜，不是说你这次高中吗？戴着斗笠打雨伞，不是说你有备无患吗？你和表妹背靠背躺在一起，不是说你翻身的时候就要到了吗？"举人一听，觉得更有道理，他就参加了考试，结果中了一个进士。

我们再讲一个消极的故事。

有个富人有一位穷亲戚，他觉得自己这位穷亲戚很可怜，就发了善心帮他致富。富人告诉穷亲戚，我送你一头牛，你好好地开荒，春天到了，我再送你一些种子，你撒上种子，秋天你就可以获得丰收、远离贫穷了。穷亲戚满怀希望开始开荒。可是没过几天，牛要吃草，人要吃饭，日子反而比以前更难过了。穷亲戚就想，不如把牛卖了，买几只羊。先杀一只羊，剩下的羊还可以生小羊，小羊长大后再拿去卖，可以赚更多的钱。就这样，他的计划付诸实施了。可是当他吃完一只羊的时候，小羊还没有生下来，日子又开始艰难了，他忍不住又吃了一只。他想这样下去还得了，不如把羊卖了换成鸡。鸡生蛋的速度要快一点儿，鸡蛋可以立刻卖钱，日子立马就可以好转了。他的计划又付诸实施了。可是穷日子还是没有改变，他忍不住又杀鸡，终于杀到只剩下一只的时候，他的理想彻底破灭了。他想致富算是无望了，还不如把鸡卖了，打一壶酒，三杯下肚，万事不愁。很快，春天来了，富人兴致勃勃地给穷亲戚送来了种子。他发现，他的穷亲戚正就着咸盐喝酒呢！牛早就没了，房子里依然是家徒四壁，一贫如洗。

我们从上面两个故事可以看出，不同的生活态度和思维方式，会产生完全不同的结果。我们说理财，就是要树立一种积极的、乐观的、着眼于未来的生活态度和思维方式。对月光族来讲，他们就像第二个故事中的穷亲戚一样，吃光花净，是有今天没明天的、消极的生活态度和思维方式，这是我们应当摒弃和反对的。

确立积极的生活目标

确立积极的生活目标是具有积极的生活态度和思维方式的必然要求和具体表现。你什么时候开始存第一笔存款，什么时候存第一个一千元或者一万元，这是你初步的生活目标。你什么时候结婚，什么时候生孩子，什么时候买车、买房，这是你下一步的生活目标。你什么时候做到摆脱债务，是你进一步的生活目标。最终，什么时候你能够实现财务自由，成为一个真正财务自由的人，是你更进一步的生活目标。你有什么样的生活目标，就会导致你有什么样的生活状况，也可以说你选择了什么样的生活目标，就选择了什么样的生活状况。

我们再来讲一个故事。

有一位俄国人、一位法国人和一位犹太人。这三个人都即将被关进监狱服刑5年。监狱长宣布，可以答应他们每个人一个要求。俄国人爱抽雪茄，就要了5箱雪茄。法国人最浪漫，要了一个美丽的女人相伴。犹太人则说，他要拥有一部与外界沟通的电话。5年过去了，第一个从监狱中出来的是俄国人，他的嘴里叼了一支雪茄，还大声地喊道，“给我火”，原来他忘记了带火。接着出来的是法国人，只见法国人手里抱着一个孩子，美丽的女人手里牵着一个孩子，肚子里还怀着第三个孩子，他正愁眉苦脸地想着，如何把这些孩子养大成人。最后出来的是犹太人，他紧紧地握着监狱长的手说：“感谢你让我拥有一部电话，这5年来，我每天和外界联系，我的生意不仅没有停顿，反而扩张了很多。为了表示对你的感谢，我要送给你一栋别墅。”

这个故事说明了一个什么道理呢？它说明了你在生活目标上有什么样的选择，就决定了你将拥有什么样的生活，以及什么样的生活目标会导致什么样的生活状况。你今天的生活状况，是由你以前的选择决定的，而你今天的选择将决定你未来的生活。因此，我们理财就是要树立积极的生活目标，积极的生活目标才能导致积极的生活状态。

培养良好的理财习惯

确立积极的生活目标要落实在自觉培养良好的理财习惯上。我们的生活被各种各样的习惯左右着。比如说打车是一种习惯，抽烟是一种习惯，做美容也是一种习惯。节约是一种习惯，浪费也是一种习惯。习惯在左右你的生活。好的习惯，比如勤奋、节俭等可以成就你的事业。而不好的习惯，比如吸毒、赌博等可以毁掉你的一生。

我们先讲一个关于习惯的故事。

第二次世界大战结束后，有一个经历过多场战斗、战功卓著并获得过很多勋章的少校退伍了。他刚回到城里，他的朋友就给他介绍了一位女朋友。在他出门赴约之前，朋友给了他一些忠告："老兄，或许你在战场上很厉害，但是在爱情上，有些事你要听我的。第一，你下车后要替女朋友开车门。第二，女朋友入座的时候，你要帮她拉椅子。第三，她说话的时候，你要温柔地看着她。第四，她需要什么东西，你一定要抢先帮她完成，不要让她动手。如果这些你都能做到的话，那么十有八九，你可以获得她的芳心。"第二天，朋友打电话问他昨天晚上同女友约会的情况。他沮丧地说："恐怕是没戏了。"于是朋友问他："你是否忘了替她开车门？"他说："没忘，我替她开了车门，她非常高兴。"朋友又问："她入座的时候，你是否忘了给她拉椅子呢？"他说："没忘，我帮她入座，她说我很绅士。"朋友又问："你是否在她说话的时候东张西望呢？"他说："没有，我一直望着她，她说我很温柔，而且夸我的眼神很有魅力。"朋友又问："你是否让她在某件事情上，自己动手了呢？"他沮丧地说："如果是那样就好了，我们回家的时候，她说要喝水，我就跑去替她买饮料。”朋友说：“那非常好啊。”他又说：“可是由于多年的习惯，我拉开了饮料瓶的盖子，立马向她扔了过去，然后自己迅速躲到了墙的后边……”

其实，对少校来说，这个习惯也不能说是坏习惯，只不过他的习惯适合战争的状况，在和平的年代中，这种习惯就不太适合了。习惯可以养成，也是可以改变的。我们想要过上美好的生活，就要养成理财的好习惯，改掉理财的坏习惯，比如说浪费、透支消费、无计划消费等这样的坏习惯。

那么，我们应该培养哪些理财的好习惯呢？

1. 节俭的习惯

我们先讲一个关于节俭的故事。

已经辞世的香港华懋集团主席龚如心女士是亚洲女首富，被英国媒体称为“财富五倍于英国女王的女人”，她的身价达400亿港元，但是她的日常生活却非常节俭，她不讲究排场和吃穿。她每月的生活开支不足3 000港元。她坐着极为普通的轿车，吃着极为普通的饭菜，外出办事经常吃肯德基和麦当劳的快餐。据说，在餐馆用餐时，她决不浪费，一定要把吃剩的饭菜打包带回家。

这些富豪尚且如此，我们普通人是否也应该养成节俭的好习惯呢？很多人说，我的钱节省不下来，总是有需要支出的地方。我觉得这是借口，很多时候你都可以养成节俭的好习惯。比如，你是否可以少打一次车，少去外面吃一次饭，少做一次美容，或者在吃饭的时候少点一个菜，这样都能给你省下一些小钱，长此以往，积少成多，这些小钱就会成为大钱。我还有一个提议，你可以省下你每个月伙食费的 10%。比如在北京，一个家庭每月吃饭要花 1 000 元，那么你用 900 元来吃饭，是否可以达到同以前一样的生活水平？我觉得这个答案是肯定的。如果你花 900 元依然可以达到你以前的生活水平，那么 100 元就可以省下来，从而让你养成节俭的好习惯。

2. 记账的习惯

很多人说，我没时间记账，这是不对的。记账是一个好习惯，它可以把你们家的收入和支出都以书面的形式记载下来，让你知道钱是怎么挣来的，又花到了什么地方去。你可以对照去年和今年的账目，看看有什么钱是该花的，有什么钱是不该花的。比如，如果你今年买化妆品的钱比去年突然多了 30%，那么你可以想想明年是否能把这些钱省下来。

为了坚持记账的习惯，就需要留发票，买东西的时候留发票是一个好习惯。比如你坐出租车留好了发票，万一在车上丢了东西，还可以有线索去寻找。如果你买了什么东西，突然之间不想要了，那么你可以凭发票去换、去退。如果你没有发票就没法退换了。

3. 学习理财知识的习惯

每个人都应该学习理财知识，用来丰富自己的头脑。有了理财知识，就可以让你少走很多弯路。当前，社会上出现了很多关于理财诈骗的问题。比如说很多庞氏骗局，他们都许诺给投资人每年 30%~40% 的高额回报，如果你有了理财知识，你就不会因此受骗。要想把财理好，你就要养成学习理财知识的习惯，知识会使你擦亮眼睛，对你理好财有很大的帮助。

4. 投资的习惯

对一般的家庭来讲，如果想让你们家的水库能满足你人生不同时期的需要，投资是必不可少的一种手段。因此，你要养成节省钱去投资的良好习惯。有一次，我在给女性朋友谈理财的时候，就跟她们讲："你们要改掉生活中不好的习惯，比如说一不高兴就买个包、吃顿饭，要养成一不高兴就去买基金的习惯，这样你们家的经济状况肯定会得到改善。"

5. 买保险的习惯

生活中的风险无处不在，所以要养成买保险的习惯。比如买了车，第一件事情就是买车险，最好是买全险；住进新房，别忘了买家庭财产保险；出门旅游，也要买旅游保险；生了孩子，就要给孩子买医疗保险。保险是家庭生活的保护伞，一个家庭没有保险，就像一个房子没有屋顶，没有屋顶的房子是不能遮风挡雨的。

理财的"一个中心，三个基本点"

前面说过，理财的中心是管钱，且它还包括三个环节：攒钱、生钱和护钱。理财的基本原则和基本方法就是要围绕"管钱"这个中心，抓好攒钱、生钱和护钱这三个环节。

第一个环节：攒钱，这是理财的起点

我们前面讲到了收入是河流，财富是水库，花出去的钱是流出去

的水，你们家的水库里最初的财，一定是攒出来的。要攒钱，就要养成量入为出的良好习惯，而且坚持一生恪守。因为你要知道，决定你财富的不是你的收入，而是你的支出。

我们打一个比方，张先生一个月挣 2 万元，他开销大，一个月要花 1.9 万元。林女士一个月只挣 1 万元，生活比较节俭，一个月只花 5 000 元。10 年后，张先生的水库里只有 12 万元。而林女士的水库中却有 60 万元。由此我们一定要明白这样一个道理，是支出决定了你最终的财富，而不是收入。现在很多人年纪轻轻就有很好的工作，拿着很高的薪水，他们就有一个虚无的幻想，以为自己的工资就是财富，这是不对的，只有省下来的钱才是你的财富，花出去的钱是流出去的水，不再属于你了。这就需要你养成攒钱的习惯。

要养成攒钱的习惯，一定要从年轻时开始、从小事做起。我们理财就一定不要做月光族，月光族每个月都吃光花净，以致无财可理。攒钱一定要从年轻时开始，要学会攒小钱，积少成多。我有这样一个建议，你把自己省下来的一次打车钱，省下来的一次做美容的钱，省下来的一次吃饭的钱，都放在一个储蓄罐里，你每个月省下 10% 的伙食费，也把它放在储蓄罐里。时间一长，小钱就会变成很多钱，10 元可能会变成 100 元，100 元就可以变成 1 000 元、10 000 元。你从这些小钱攒起，就一定会有自己的第一笔储蓄，这样，你就在理财的道路上迈出了第一步。

要养成攒钱的习惯，就需要制订强制的储蓄计划。比如说把你每个月收入的 10%~20% 都先存入银行，我想一般人都可以做到这一点的。

我打一个比方，你所在的公司效益不好要裁员，且公司给了你两个选择。第一是离开公司，第二是工资只发原来工资的 90%，你能接受吗？我想对 99% 的人来说，答案是肯定的，你是可以接受的。原来发 10 000 元，现在发 9 000 元，一般人都是可以承受得了的。你就当公司削减了你的薪水，你就把原来工资的 10% 存到银行里面，这样你就有了自己的第一笔储蓄。这就是我们前面讲的，攒钱的习惯一定要坚持，持之以恒就会有效果，因为它有一个从量变到质变的过程。

攒钱是理财的起点。如果你不攒钱，你的水库里就永远都没有水，你永远无财可理。你要记住：所有的百万富翁都是先有 1 元钱，后有 999 999 元钱的。理财一定要从攒钱开始。

第二个环节：生钱，这是理财的重点

光依靠攒钱，你家水库里的水是不足以应对生活中的诸多需要的。你还应该利用你手中的钱去做投资，去打一口属于自己的深井，让井里的水不断地冒出来，并流进你家的水库，为你的生活提供财务上的支持。

下面，我来讲一个关于打井生钱的故事。

有两个和尚，分别住在前后两座山上的庙里，这两座山之间有一条小溪。两个和尚几乎每天都在同一时间下山到溪边挑水，久而久之，他们成了好朋友。就这样，他们在每天的挑水生活中不知不觉地度过了三年时间。突然有一天，前山的和尚没有下山挑水。后山的和尚心想，大概他睡过头了，就没有当回事。哪知道第二天，前山的和尚还是没有下山挑水。第三天也一样。过了一个星期，还是这样，直到过了一个月，后山的和尚终于坐不住了。他心想，我的老朋友可能是生病了，我应该去看看他，看看能给他帮上什么忙。于是，他便爬上了前面那座山，去看望他的老朋友。等他到达前山的庙里，看到他的老朋友之后大吃一惊。因为他的老朋友正在庙前打拳呢，一点儿也不像一个没水喝的人。他很好奇地问：“老兄，你已经一个月没有下山挑水了，难道你不用喝水吗？”前山的和尚说：“老弟，来来来，我带你去看看。”于是，他带着后山的和尚，走到庙后院，指着一口井说：“这三年来，我每天做完功课都会抽空挖这口井。忙的时候少挖点儿，闲的时候就多挖点儿。一个月之前，我终于挖出了井水。从此，我不用再下山挑水，可以有更多的时间练习我喜爱的拳术了。”

这个故事说明一个道理：我们现在上班拿的薪水再多，都是挑水吃。我们要把握下班后的时间，打一口真正属于自己的深井，这才是我们要做的一件大事。等将来我们年纪大了，精力拼不过年轻人的时候，还会有水喝，而且还能喝得悠闲自在。

我在这里讲的打深井，就是要你拿钱去做投资。

可能有人会问，投资是有风险的，如果我把钱都拿去做投资，那么万一赔了怎么办？岂不是喝不成井水了？不言而喻，投资是有风险的，打井也并不是每眼井打下去都会冒出水来。为了规避风险，我建议把你家水库里的水分成三份，分别放在三个池子里。第一个池子里放的是你家的应急钱，应该在这个池子里留一年到两年的生活费。这些钱用于什么？用于应对你突然失业，家里突然有人生病等突发情况。那时，你可以用这些钱来应对这些意外开支。这些钱可以用来做些什么事情呢？你可以放在银行里面做短期的定期储蓄、大额存单、结构性存款、短期银行理财产品和货币市场基金。这些钱不求收益，但求安全和流动性。这些钱必须是随时可以拿出来花的。

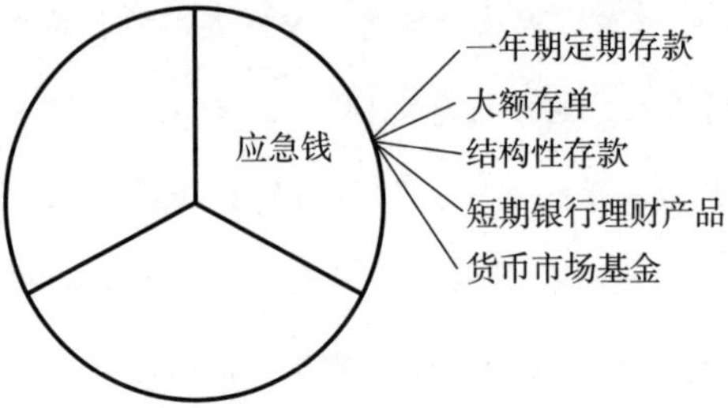

图 1–2

第二个池子里放的是你家的保命钱。这个池子里，应该放你们全家三到五年的生活费，它可以应对你未来三到五年的生活需要。到你退休的时候，这个池子里应该放你 20 年的生活费。这些钱可以用来做些什么事情呢？你可以用它们做三年期的定期存款、大额存单、结构性存款；购买三年期的国债、债券基金；购买储蓄型的商业保险；投资住房、美元和黄金。这个池子里的钱，是可以中长期保值的钱。在任何情况下，都不应该用这个池子里的钱去买股票型基金或者买股票。

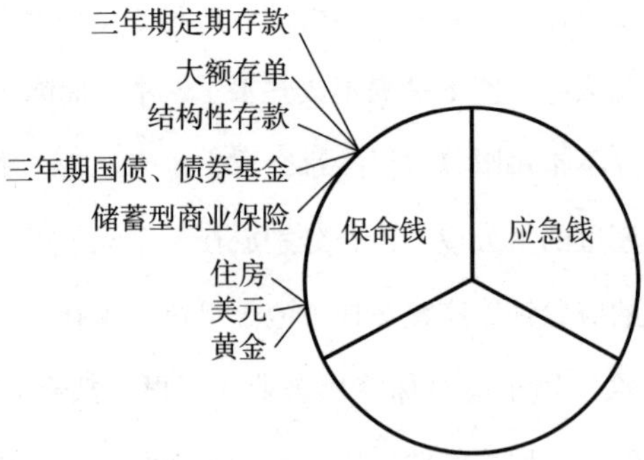

图 1–3

第三个池子里放的是闲钱。所谓闲钱，就是5年到10年不用的钱，这些钱是用来打井的。关于打井，我前面讲过了，有两种可能，一种可能是打下去咕嘟咕嘟冒水，还有一种可能是打出一口枯井。虽然闲钱可以全部用来投资，但投资是有风险的。因此要拿这些钱来做分散的投资。这些钱用来买什么呢？它们可以用来买股票，买股票型基金，买FOF（基金中的基金）。如果你有兴趣或者有专业知识的话，那么它们还可以用来买古董、字画、家具和其他收藏品。这些投资品都有一个共同的特点，它们有可能给你带来很高的回报，但也有可能让你亏本。因此，你只能拿你家的闲钱来做投资。

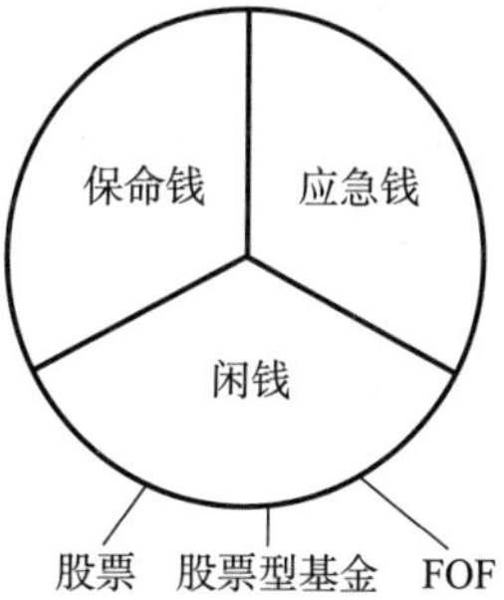

图1–4

生钱是理财的重点。我们应该用省下来的闲钱去做投资，这样才能让你家水库中的水源源不断得到补充。

第三个环节：护钱，这是理财的保障

仅仅靠攒钱和生钱是不够的，因为你家的水库由于种种原因有可能会决堤。我们前面讲过，有可能由于一次车祸、一次空难事故、一次工伤、一次重大疾病或者一次意外责任，造成你家的水库决堤，水

库中的水流失殆尽。因此，首先我觉得你应该在你家水库之外，再筑一道堤坝。所谓筑堤坝就是买保险，以便保护好你家的钱。我们这里讲的保险是属于保障型的保险，比如，定期寿险、意外伤害保险、重大疾病保险、医疗保险、家庭财产保险和汽车保险。保险的作用就是在突然遇到意外事故的时候，会给你提供补偿性的资金，帮你渡过意外事故造成的财务危机，保障你家的财务安全。其次，要护好你家的钱，你还要警惕各种投资陷阱，别让你的钱流入骗子们的口袋里。第三，要慎重选择你的婚姻，更要珍惜你的婚姻，因为离婚是最大的破财。

综上所述，理财的基本原则和基本方法可以概括为“一个中心，三个基本点”：以管钱为中心，以攒钱为起点，以生钱为重点，以护钱为保障。

理财的“一个中心，三个基本点”可以引申为理财的“八字方针”，它就是：管钱、攒钱、生钱、护钱。

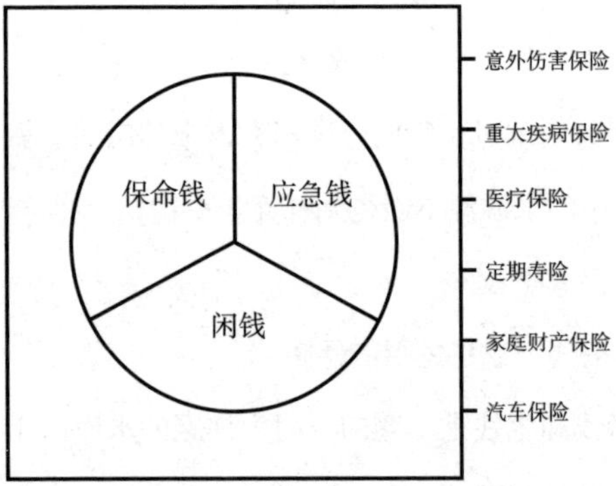

图 1–5

给予理财的八字方针以通俗化、形象化的解释，就形成了理财的“九字箴言”：修水库，打深井，筑堤坝。

● 生命周期与理财

人从出生到死亡都会经历婴儿、童年、少年、青年、中年和老年六个时期。由于人在婴儿期、童年期和少年期没有独立的经济来源，因此这三个时期不属于理财规划的重要时期，但是父母应该在少年期加强对孩子的理财教育，培养孩子良好的理财习惯，为孩子今后独立生活打下基础。而青年期、中年期和老年期则是进行理财规划的重要时期。

青年期

青年期是指 18 岁至 35 岁这段时期。青年期又可以细分为单身期和家庭与事业形成期。

单身期

单身期是指 18 岁至 30 岁这段时期。在这个时期，年轻人刚刚开始参加工作（如果是上大学，就要等到 22 岁），收入较少，但生活中有很多需要花钱的地方，要买衣服、租房子、谈恋爱、准备结婚等等。比起不算丰厚的收入，支出的负担还是比较重的。但这个时期又往往是个人资金的原始积累期，因此，这个时期的年轻人应该在努力工作、扩大收入来源的同时，着重攒钱，为建立家庭做准备。与此同时，由于年轻，抗风险的能力较强，你可以拿出一小部分资金，尝试进行投资，比如投资股票和基金，为自己中年后的投资积累经验。这个时期的年轻人，由于家底不够丰厚，所以一定要注重生活保障，为家庭买基本的保险产品，比如意外伤害保险和医疗保险，防止因为一次意外和疾病，把家里水库里的水消耗干净。

家庭与事业形成期

家庭与事业形成期是指30岁至35岁这段时期。在这个时期，个人事业初步形成，两个人组建了家庭，各自的经济收入也有了一定的增加，生活开始走向稳定。而伴随着孩子的出生，家庭的经济负担又开始加重。不过，尽管家庭的财力仍然不算雄厚，却呈现出了蒸蒸日上之势。此时，家庭最大的支出是购房，大多数人都要采用贷款的方式买房。对此，夫妻二人要进行仔细的规划，使月供金额控制在家庭经济能力可以承受的范围之内（不超过家庭月收入的30%）。同时，夫妻二人要开始为孩子积累教育费用（比如基金定投），以减轻孩子接受高等教育时的资金压力。此外，考虑到还房贷带来的精神压力，夫妻二人还应购买保障型保险，比如定期寿险和重大疾病保险。

中年期

中年期是指35岁至60岁这段时期。中年期又可以细分为家庭与事业成长期和退休前期。

家庭与事业成长期

家庭与事业成长期是指 35 岁至 55 岁这段时期。人到中年，事业开始逐步走向成功，收入日见丰厚，虽然日常支出也在增多（买车、负担孩子的人学教育费用、赡养父母等），但是收入的增长速度要比支出的增长速度更快。这个时期首要的任务是还清房贷，其次是加大投资力度（特别是风险型投资），为家庭储备未来的养老金。这个时期，家庭的保险规划，可以从青年时期的保障型保险向储蓄型保险延伸，可以购买商业养老保险、终身寿险和理财型保险。

退休前期

退休前期是指 55 岁至 60 岁这一时期。在这一时期，孩子已经完成大学学业，参加工作，经济开始独立。此时，家庭的收入丰厚，支出减少，没有负债，财务状况良好。这一时期，最重要的是准备好养老金，在资产组合中逐渐减少风险型投资的比重，增加安全型投资的比重，获取安全、稳定的投资收益。

老年期

老年期是指 60 岁以上的时期，也是退休期。人们进入退休期，家庭的收入减少，而休闲和医疗费用增加，其他费用减少。此时，家庭的风险承受能力下降，对资金的安全性要求远高于收益性，因此，在资产配置上要进一步降低风险，进一步减少风险型投资的比重，甚至不进行风险型投资。一句话：当个“守财奴”。

这里总结一下人生不同时期的理财重点：

1. 青年期的理财重点是着重攒钱，尝试投资，注重保障。

2. 中年期的理财重点是偿清债务，大力投资，注重保障。

3. 老年期的理财重点是保管好钱，少量投资，安全第一。

● 理财工具的综合运用

这里，根据上述的“生命周期与理财理论”和“水库理论”，结合典型案例说明人生不同时期的理财规划和理财工具的综合运用，以期使大家便于结合自身的情况，把各种理财工具灵活地运用到理财实践中去。

单身期

案例一：小张大学毕业，刚参加工作，是个公务员，每月工资3 000多元。虽然收入不高，但是很稳定。每月的工资，扣除房租、服装、吃饭等生活费用，可以节余2 000多元。小张的父母也有稳定的工作收入，无须小张赡养。小张有个女朋友，还在上大学，并且小张5年内没有结婚的打算。那么，小张在现阶段应该如何理财呢？

我在前面说过，单身期的理财重点是攒钱，投资是尝试性的。我提出的理财方案是：将每月节余的2 000元分成三份，600元活期储蓄，1 000元定期储蓄，200元定投股票指数基金或者FOF。此外，保障是必不可少的，小张应该给自己买100万元（只要1 000多元的保费）

的意外伤害保险，受益人是自己的父母；小张还应该给自己买一份医疗保险，一年 1 000 元的保费，可以保障几百万的医药费报销。

案例二：小李是小张（案例一）的同事，也是刚参加工作的大学毕业生。与小张不同的是，小李的父母没有稳定的收入，小李每月要给父母寄 500 元，每月的节余只有 1 500 元左右。那么，小李的理财方法和小张的应当有什么不同呢？

我认为，由于小李的父母没有稳定的经济来源，小李在理财方面就更应该注重保障，除了需要购买医疗保险之外，还应该购买 30 万的定期寿险，受益人是自己的父母，一旦自己出现意外（包括疾病身故），可以使自己的父母老有所养。小李每月节余的 1 500 元钱中，拿出 500 元购买保险，其余 1 000 元用于活期储蓄和定期储蓄。暂时不要做风险型投资。

案例三：王女士在一家通信公司工作，每月收入 6 000 元，收入稳定。但是，王女士一直都没有什么存款，更别说投资了，她的工资差不多是月月花光，有时候还要靠信用卡（王女士有 3 张信用卡）“透支”来过日子，是个典型的“月光族”。王女士如何才能摆脱目前这种财务状况呢？

我认为，王女士理财要分四步走：

1. 扔掉手中多余的信用卡，仅留一张以便应急，平时购物尽量使用现金付账。

2. 强制储蓄，将每月工资的20%存入银行。

3. 为自己买保障型保险，包括意外伤害保险、医疗保险。

4. 在强制储蓄一年后，将每月生活支出节余的20%~30%用于投资FOF。

家庭与事业形成期

案例四：张先生和刘女士都是工薪族，工作稳定，结婚三年多，手中有了些积蓄，夫妻二人商量着贷款买房子。那么，他们应该如何进行家庭财务规划呢？

我认为，他们在贷款买房的过程中应该注意以下几点：

1. 手中至少保留一年的生活费用作为应急钱。

2. 留足应急钱后，手中的资金足够支付首期购房款、各种税金和房屋装修的费用。

3. 尽可能延长还款期限，使每月还贷的金额控制在家庭月收入的30%以内。

4. 在还清贷款之前，尽量减少风险型投资，如股票、基金等。

5. 要建立“偿债基金”，集中力量偿还贷款本金。最好在每年年底将下一年度的贷款本息总额全额存入“偿债基金”账户。

6. 夫妻二人都应该投保定期寿险，重大疾病保险，定期寿险的保额应大于贷款金额。旨在预防万一夫妻一方发生意外，另一方不会陷入财务危机。

7. 在还清买房贷款之前最好不要买汽车，更不能贷款买汽车。

案例五：（接案例四）张先生和刘女士在买房一年后，计划生孩子。在这一年中，张先生升职为公司的部门经理，收入有了明显的增加。那么，他们在孩子出生前后应该怎样理财呢？

我认为，他们应该注意以下几点：

1. 在孩子出生前，建立“育儿基金”，基金的金额要包括孩子出生的费用、请月嫂的费用、孩子一年的生活费用（奶粉、衣服、医疗等）和刘女士工作收入减少的部分。

2. 在建立“育儿基金”的同时，“偿债基金”还应该正常运转。

3. 在孩子出生后一年内，“育儿基金”可以保证从容应对家里的“额外”支出。张先生和刘女士还可以在这一年中对家庭财务进行重新规划。

4. 在孩子出生一年后，开始建立“孩子教育基金”，为孩子上中学、大学积累资金。由于孩子年龄很小，积累教育基金的最好方法是“定期定额”投资股票指数基金和FOF。此外，还可以适当购买教育储蓄保险。

家庭与事业成长期

案例六：（接案例五）几年的时间过去了，张先生和刘女士的家庭美满，两人的事业也都蒸蒸日上，张先生已经晋升为公司的副总经理，刘女士也成了单位的部门负责人，他们的收入有了大幅的提高。孩子茁壮成长，已经上小学了。这时候他们在家庭理财方面要注意什么呢？

我认为，在这一时期，他们理财要注意以下几点：

1. 偿清房贷。

2. 为退休储备充足的养老金，加大风险型投资的力度，用较多的资金投资股票、基金。如果有足够的资金，那么投资房产也是很好的选择，但是不要贷款投资房产。

3. 投保储蓄型的养老保险。

4. 为孩子读本科和研究生储备资金。

退休前期

案例七：（接案例六）张先生和刘女士的孩子已经大学毕业，参加工作，经济上独立了。他们的家庭已经没有任何债务。经过几十年的努力工作和十几年坚持不懈地投资，张先生和刘女士也为自己储备了足够的养老金，并准备退休。这一时期，他们理财要注意什么呢？

我认为，他们在这一时期的理财要注意以下几点：

1. 逐步将资金从风险型投资中撤出，转移到安全型投资中去。

2. 在留足养老金的基础上，为孩子准备一些结婚的费用，如孩子的购房款首付（这是中国的国情和传统）。

3. 建立“医疗基金”，因为医疗保险很难应对全部的医疗费用。

退休期

案例八（接案例七）：张先生和刘女士双双退休。孩子已经结婚，不仅经济独立，也很孝顺。张先生和刘女士过上了幸福的晚年生活。这一时期，他们理财要注意什么呢？

我认为，他们在这一时期理财要注意以下几点：

1. 不进行风险型投资。

2. 不要轻易被别人蛊惑，远离投资陷阱。

3. 要当“守财奴”。

第二章 一生恪守量入为出

前面讲过：收入是河流，财富是水库，花出去的钱就是流出去的水，所谓理财，就是管好你家的水库，开源节流。要想让你家水库中的水量不断增多，节流是其中的关键。

● 支出是财富的决定因素

这里首先讲讲拳王迈克·泰森的故事。

泰森是全世界最著名的拳王之一，20 岁时就获得了世界重量级冠军。在他 20 多年的拳击生涯中，他总共挣了 4 亿多美元。但是他生活极尽奢侈、挥金如土：泰森有过 6 座豪宅，其中一座豪宅有 108 个房间、38 个卫生间，还有一个影院和豪华的夜总会；他曾买过 110 辆名贵的汽车，三分之一都送给了朋友；他养白老虎当宠物，最多的时候养了 5

只老虎，其中有两只价值 7 万美元的孟加拉白老虎，后因触犯法律才作罢，他支付给驯兽师的钱就有 12 万美元；他曾经在拉斯维加斯最豪华的酒店包下了带游泳池的套房，一个晚上房租 15 000 美金，在这样的套房里点一杯鸡尾酒就要 1 000 美元，而泰森每次放在服务生托盘中的小费都不会少于 2 000 美元；在恺撒宫赌场饭店，泰森甚至带着一大群他叫不出名字的朋友走进商场，一小时就刷卡 50 万美元，自己却什么都没有买；就在他申请破产之前，他还在拉斯维加斯一家珠宝店中买走了一条镶有钻石的价值 17 万美元的金项链。由于挥霍无度，到 2004 年 12 月底，泰森的资产只剩下了 1 740 万美元，但是债务却高达 2 800 万美元。2005 年 8 月，他向纽约的破产法庭申请破产保护。

我们再来看看澳诺雷·德·巴尔扎克的故事。

巴尔扎克是 19 世纪的法国作家。在那个年代，他一年的稿费收入就超过六七万法郎，比财政大臣的年薪都高。他有这么高的收入，却还欠了大量的债务，就是因为他挥金如土。他喜欢意大利铜器、金制鼻烟盒，喜欢为蓝色礼服定做镂花的金扣子，喜欢乘坐有贵族纹章的马车到处显摆，喜欢从国外买来大批的油画，挂满他的屋子。他总是认为只有这样做才是贵族，才够幸福。钱不够用，他就去借债。而为了还债，他只能拼命工作，但是拼命工作赚来的钱仍然不能堵上巨大的债务窟窿。当年，握着欠条的面包商、握着期票的银行家、揣着契约的出版商，他们找巴尔扎克都快找疯了。他们找巴尔扎克的目的只有一个，那就是希望他还钱。巴尔扎克整天东躲西藏，甚至出国躲债。一直到死，巴尔扎克都没能还清这些债务。他当了一辈子赚钱机器，到死还负债累累。他的那部代表作《人间喜剧》，就是他欲望膨胀的副产品。

通过这两个故事我们可以看出：一个人的收入并不等于财富，所谓财富应该是存储下来的收入，而支出才是财富的决定因素。因此，要积累财富就一定要养成量入为出的习惯，否则赚再多的钱都有可能被挥霍殆尽，最后落得两手空空，甚至成为负债一族。

● 如何恪守量入为出的原则

向自己收取按揭款

这里，我们先讲一个小故事。

有一个人非常富有，于是有很多人向他询问致富的方法。这位富翁就问他们："如果你有一个篮子，每天早上向篮子里放 10 个鸡蛋。当天吃掉 9 个鸡蛋，最后会如何呢？"有人回答说："迟早有一天，篮子会被装得满满的，因为我们每天放在篮子里的鸡蛋比吃掉得要多一个。"富翁笑着说道："致富的首要原则就是如果你的钱包被放进 10 个硬币，那么你最多只能花掉 9 个。"

这个故事说明了理财中一个非常重要的法则，我们称之为"九一"法则。当你收入 10 元钱的时候，你最多只能花掉 9 元钱，让那一元钱“遗忘”在钱包里。无论何时何地，永不破例。哪怕你只收入一元钱，也要把10%存起来。这是理财的首要法则。你千万别小看这个法则，它可以使你家的水库由没水变有水，从水少变水多。它的意义并不在于存下多少钱，而是可以使你形成一个把未来和金钱统一成一个整体的观念；随着你家水库的水量不断增多，它会不断地增加你财务上的安全感，让你的内心变得祥和和宁静；它可以使你养成储蓄的习惯，刺激你获取财富的欲望，激发你对美好未来的追求。

要养成储蓄的习惯，并不是一件难事，可是很多年轻人很难自觉做到这一点。但是，这些人一旦向银行贷款买车、买房，或者刷卡消费，他们就会养成被动还款的习惯。比如说他们发了工资，每个月第一件事就是用工资来还车款、房款，以及归还信用卡的账款。如果这种被别人强制的行为，变成了一种自觉的储蓄行为，这样持续下去就会给你积累一笔非常可观的财富。这里，我们借用“按揭”这一提法，希望青年人自觉养成一种习惯，自觉地强制自己储蓄，这种储蓄即使一开始不是自愿的，时间长了也会变成一种习惯。对很多的年轻人、特别是“月光族”来说，这是迈出理财的第一步。在你每个月发了薪水之后，就把10%~15%的薪水强制存入银行，每个月这样做下去，日积月累，你就会发现自己积累了一笔可观的财富。

要当“延迟族”

不要超前消费

一个人为了晚年的幸福，为了长远的幸福，要在年轻时在消费上做出牺牲。无论什么人，如果不是含着金钥匙从娘胎里出生，他这一辈子要过上美好的、幸福的生活，就必须在年轻的时候克制自己的消费欲望，做出必要的牺牲。很多年轻人说：年轻的时候正是最美好的人生时光，这个时候不享受，等年老时再享受就晚了。其实，我觉得这种认识正是年轻人对幸福生活的理解上的误区。什么时候才是一个人真正幸福的时候？我觉得一个人晚年的幸福才是真正的幸福。年轻时花钱无度就会透支掉晚年的幸福，甚至会造成晚年的不幸。我们看到很多老年人，他们晚年时过着不是很富裕的生活，他们都很后悔自己年轻时没有积累养老的钱。因此，为了晚年的幸福，你就应该在年轻的时候养成良好的消费习惯，千万不要把晚年的幸福都透支掉。现在很多年轻人互相攀比，过度超前消费，竞相购买高档消费品，这些钱很可能就是他们晚年时的养老金，到他们晚年缺少养老金的时候，他们才知道生活是多么凄凉。为了晚年的幸福，在年轻的时候就应该学习如何当延迟族，延后满足自己的消费欲望。

买东西要买“最新的老款”

所谓“最新的老款”是指在买某些消费品时，一定不要买最新生产出来的款式、最新的产品。一个消费品在最新生产出来的时候，它的价格都是最贵的，因为它的价格包含很多研发成本和其他相关成本。但如果你在2018年买2017年款式的汽车，价格就会比在2017年购买时便宜很多。手机在最新款式推出后，你买最新的老款式产品时，也会便宜很多。很多电子类的消费品的贬值速度相当快，如果你等两三个月去买旧款式产品的话，那么你可以少花很多钱，而这些产品的功能同新款产品的功能相差并不大。

在打折的时候购买

对于服装一类的过季产品，商家为了促销，经常会给出很大的折扣。也就是说，你买同样一件衣服，在打折时买就会节省很多钱。现在在商场买东西，打折已经成为一种很平常的现象，因为商家经常巧立名目打折促销。如果你喜欢的商品不在促销期，那么你可以等待一下，等到打折的时候购买，这样你可以节省很多钱。长此以往，你就可以节省更多的钱。

不当“月光族”

现在很多年轻人都是“月光族”，每个月挣多少花多少，这已经成为一种比较常见的现象。他们以“月月花光”为荣，还说“不会花钱是因为不会挣钱”。其实，他们当中的很多人挣钱无门。现代社会的竞争压力不断加大，找工作越来越难，工资水平上涨速度比较慢，物价上涨速度又比较快。在上述情况下，如果是单身，就一人吃饱全家不饿，日子还好过。可是一旦结婚，单身就要变成“二人世界”，再从“二人世界”变成“三口之家”，那时如果你没有储蓄的话，你就会面临非常大的财务压力，“月光族”在财务上是没有未来的。

少数年轻人不仅是“月光族”，而且还是“负债族”，这个月的钱不够就利用信用卡透支，花下个月的钱。长此以往，他们在财务上必然会陷入恶性循环，一旦遇到失业，或者一旦需要结婚、生孩子，他们在财务上必然捉襟见肘，无法应对，从而使自己的生活陷入困境。

因此，要想过上美好幸福的生活，就从要改变生活态度做起，坚持量入为出，坚决不当“月光族”。

不当“啃老族”

所谓“啃老族”，就是在一个人成年后依然没有摆脱财务上依赖父母的习惯，凡事都向父母要钱。结婚向父母要钱，买房向父母要钱，生孩子也向父母要钱，自己依然是父母财务上的负担。有一次，我在看电视的一个访谈节目时，看到一个小伙子在讲，他和他的女朋友要结婚了，需要买房子，由于两个人的收入都不是很高，双方父母就为他们承担了首付。但是在电视上，小伙子还在同他父亲商量，他们和父母如何来分摊以后的月供问题。中国人历来都讲养儿防老，但是一个 30 岁左右的小伙子还在不断地要父母为自己“输血”，这既是做父母的一种悲哀，更是年轻人自己的一种悲哀。一个人在大学毕业、走向社会以后，就应该独立生活了，就应该成为财务上独立的人，就应该彻底“斩断”向父母要钱的第三只手。

有些年轻人在向父母要钱时不打着“要”的旗号，而是说“借”。但是这种借款基本都是有去无回，有一次，我在做电视节目时，问过几个年轻人，你们向父母借完钱还过吗？他们说没有还过，但是以后会考虑还钱。我觉得一个人到 30 岁的时候，不但不尽赡养父母的义务，而且继续当“啃老族”，这在道德上、良心上都是说不过去的。

还有一次，我在博客上看到一篇文章，文章的作者说，他在电视中看到我做的有关“啃老族”的访谈节目后，深深地反省自己，觉得自己是一个很不孝顺的人。他说自己是一个男子汉，却30多岁了还在向父母要钱，觉得自己在道德品质上有问题。他的这种说法可能有点儿过分，但他严于自省的精神确实非常可贵。一个人成年以后，为了满足自己生活上不切实际的需求，继续从父母那里获取钱财，这个人的道德品质确实有点儿问题。中华民族的传统美德之一是孝顺父母，而“啃老”和孝顺是背道而驰的。现在已经把“啃老”当成习惯的年轻人，应该深深地反省自己，切实改掉“啃老”的习惯，养成财务独立的习惯，做一个真正独立生活的人、真正孝顺父母的人。

不当“假富人”，不装阔

所谓“假富人”，俗话说就是打肿脸充胖子的人，没钱装有钱的人。有些年轻人在经济实力不足的情况下，向银行举债购买房子、车子，表面上成为有房和有车一族，过上了富裕的生活，实际上在满足自己虚荣心的同时，却背上了沉重的财务负担，成为房奴和车奴。我们把现实生活中的这种现象姑且称为“假富人”现象。

还有一些年轻人盲目地追求高消费，刷卡购买超出自己财务能力的奢侈品，成为卡奴。我们经常看到一些年轻人背着昂贵的名牌皮包、穿着高档的服装，但是他们钱包里只有几张信用卡。我们经常开玩笑说，这样的年轻人“兜比脸干净”。这也是“假富人”现象的一种。

有一对中年夫妇，夫妻双方都在公司里做小职员，每月总共有几千元钱的收入。他们俩有一个儿子，正在读初中。他们夫妻俩都觉得自己这一辈子没有什么出息，立志将儿子培养成才，省吃俭用把儿子送到郊区一所寄宿制“贵族学校”读书，一年要花几万元的学费。为了方便接送儿子，他们购买了一辆很便宜的汽车。由于儿子平时在学校住宿，每周五才能回家，父亲每到周五就提前下班到学校去接儿子。儿子刚上“贵族学校”的时候还能集中精力学习，但是仅仅过了一个学期，他看到自己周围的同学多是出生在有钱、有权的家庭，他们的父母要么是董事长、总经理，要么是处长、局长，而自己出身贫寒，虽然每月父母给自己的零花钱已经不少了，但是同那些出手大方的同学相比，自己还是显得很寒酸。

于是，他们的儿子越来越感到心理不平衡，每次回家不是嫌自己的衣服档次太低，就是嫌父母给自己的零花钱太少，这给他的父母造成了非常大的心理压力。有一天下课，父亲照旧开着自己的汽车到郊区的“贵族学校”接儿子。他为了不让孩子觉得面子上过不去，每次都把车停在离学校很远的地方，避免同那些奔驰、宝马等高档车扎成一堆。他看到儿子和几位同学说笑着走了出来，到了校门口，儿子的同学都坐上自家的高档车走了。父亲看到儿子走过来，就非常高兴地迎了上去，但是，刚才还和同学有说有笑的儿子，却表情冷淡地对父亲说：“以后不要来接我了，我自己打车回家吧。”父亲听了这句话以后，就知道儿子的思想变了，心里非常难过。回家以后，夫妻俩就这个问题交流了看法，他们觉得长此以往，即使儿子在“贵族学校”可能会学到一些知识，但同时也会学到一身不好的毛病。两口子商量以后，决定把儿子转到离家很近的一所学校上学。之后，家里也渐渐地恢复了平静。

社会上有一种现象：越穷越摆阔，越摆阔越穷。一个月工资5 000元的年轻人，非要带女朋友吃1 000元的大餐；一个租房住的年轻人，为了讨女朋友欢心，花光自己的积蓄买一辆跑车带女朋友出去兜风；一个月薪几千元的姑娘，刷信用卡买一个20 000元的包包；一对小夫妻为了面子，即使超出自己的还款能力，却仍然借了大额贷款买大房子，等等。这种摆阔的现象在年轻人中非常普遍，摆阔的结果是买来了面子，亏掉了里子，使自己越来越穷。

改掉坏习惯

改掉购物癖

女人都喜欢逛商场，这是女人的天性，无可厚非。但是，有些女人具有强烈的购物欲，养成了“难以割舍”的购物习惯，她们为自己找各种理由去购物，高兴去买东西，不高兴也去买东西，有事去买东西，没事还去买东西，这种习惯已经发展成了“购物成癖”的地步。这种习惯也是同量入为出的原则相悖的，必须改掉。要知道：你少花一元钱就相当于挣到一元钱，而少花一元钱要比挣到一元钱容易得多。记住：不购物就等于拥有一份收入。

要改掉从众消费的习惯

别人需要的东西未必是你也需要的，千万不要因为“怕落伍”和“不入流”，而花掉不该花的钱。

改掉过度刷信用卡消费的习惯

信用卡最大的问题在于它造成你仿佛没有花钱的错觉。很多人可能有这种体会，他们觉得自己在刷卡消费时，不是在花自己的钱，使他们在不知不觉中花掉很多钱，造成浪费。因此，要养成量入为出的习惯，就要慎重地使用信用卡。

● 远离消费陷阱

生活中，你会面临各种各样的消费陷阱，这些消费陷阱会吞噬你的钱财。要远离消费陷阱，你最好做到以下几点：

1. 调查研究，计划消费

在进行重大消费之前，你要进行深入的调查研究，要做到货比三家、心中有数，这样你就不会轻易被商家欺骗了。

2. 要以理性面对热情

不论在任何时候、任何情况下，你都不要被那些销售人员的热情所蒙蔽，你要记住他们不是对你热情，而是对你兜里的钱热情。他们一旦骗到了你兜里的钱之后，就不会再对你那么热情了。你不要觉得磨不开面子或者是不好意思，因为如果你不好意思，他们就会好意思了。

3. 不要贪便宜

中国有一句老话，叫作“便宜没好货，好货不便宜”。不要因为一时贪便宜，最后因小失大，贪小便宜赔大钱。

4. 抛弃不切实际的幻想

你不要指望喝三盒减肥茶就可以抹平大肚子，这是违背人体规律的；你也不要指望拥有一套炒股软件就可以成为股神，在股市中就可以战无不胜，那是绝对不可能的；你也不要轻信，你会突然间中大奖，因为天上不会掉馅饼。

第三章

一生规避债务缠身

如今，信贷消费已经成为越来越普遍的现象，越来越多的人加入了信贷消费的行列。比如说买车、买房、买一些消费品，人们都会采用向银行贷款的方式来实现。“花明天的钱享受今天的生活”这种消费方式得到了不少人的认同，但是，有些人由于过度负债消费，成了房奴、车奴和卡奴，使自己的生活陷入了困境，这一现象有必要引起我们的重视。我们有必要对负债的现象进行系统、深入的分析，引导人们对债务有一个清醒的认识，以免人们在信贷消费的同时背上沉重的财务负担。下面，我们先从债务的分类说起。

● 债务的分类

我们把债务分为两类：一类是良性债务；一类是不良债务。

良性债务

所谓良性债务就是如果个人购买住房（自己居住）向银行贷款，月还款金额不超过月收入的30%，这样的债务就属于良性债务。住房这种商品，在人们的生活中是一种非常特殊的商品，拥有自己的住房会给一个人带来内心的祥和与平静，会给你的妻子一个家。我们经常讲一句话，你要给一个女人一个家，就应该给她一栋房子。拥有自己的住房是很多人的梦想，住房又是大宗消费品，购买住房需要花费巨额资金，购房人有时难以承担全部价款，因此适当向银行贷款，成为很多购房人的必然选择。但是在购买住房的时候，一定要严格控制贷款的比例。

我们说，要把每月的还款额控制在月收入的30%以内，这是根据我自己多年的理财经验得出的经验数值。在你向银行贷款的时候，银行通常都会给你另外一个数据，就是要求购房人每月的还款金额不要超过家庭月收入的50%。我认为50%的比例是购房人还款的极限比例。如果购房人的还贷比例达到了月收入的50%，那么在这种情况下，购房人的财务弹性就会变差，也就是说，如果购房人的收入一旦减少，就很容易使购房人陷入财务困境。如今，社会上出现了很多房奴，就是他们每月的房贷还款额严重超过了他们的实际支付能力而造成的后果。

如果能够将还款额严格地控制在月收入的30%以内，就会让你在拥有自己房子的同时，财务上也能处于一个安全的境地。30%~50%之间，就是给你留出的足够的弹性，不至于让你因收入的变化而背上沉重的财务负担。因此，我们说购买住房，将还贷比例控制在月收入的 30% 以内，是一种良性的债务。在现实生活中，我们看到很多人在贷款购买房子后，他们每个月向银行支付的还款额只占月收入的 10%~30%，因此，他们才能心安理得地住在自己的房子里。

不良债务

所谓不良债务有以下几种：

第一种不良债务产生于贷款购买住房时，每月还款金额超过了月收入的 50% 的债务。因为这样会使购房人背上沉重的财务负担，承受巨大的财务压力，甚至陷入财务困境。

第二种不良债务源于贷款购车。一个人如果需要贷款购车，就说明这个人的财务有问题。汽车是一种持续消耗资金的消费品，你购买一辆车之后，每个月的汽油费、养路费、停车费、过桥费，每年的保险费、保养费、修车费，还有违章的罚款都会让购车人持续地花钱。而汽车又是一种贬值非常快的商品，如果你买了一辆新车，10 分钟之后想卖出，那么可能只会卖到原价的 80%。因此我们说，贷款购车对购买人来说是一种非常不好的债务，它会持续地吞噬你的现金，使你原本不佳的财务状况更加恶化。社会上出现的车奴大都是贷款购车一族。

第三种不良债务源于信用卡消费。现在越来越多的人使用信用卡购买商品，而信用卡消费实际上是向银行贷款来购买商品。信用卡贷款首先是一种高利贷，如果你不能按时向银行足额偿还贷款，银行就会按照你的借款全额，以每日万分之五的利率向你收取利息，且按月计算复利，这样一年的利率就是 20% 左右，远远高于目前银行的商业贷款利率。信用卡还是一种“财务鸦片”，它是一种可以让你上瘾的东西，时间一长它就会麻痹你的财务神经，使你误认为信用卡本身就是钱。其实信用卡本身不是钱，而是债，你刷卡的同时是在向银行举债。

银行在大学生中间推广使用信用卡，这会给原本没有多少理财知识的大学生造成一种理财误导。信用卡是靠持卡人的信用来向银行借款的。从本质上来讲，大学生根本没有收入，他们本身没有信用可言。银行向大学生推广信用卡，看重的并不是大学生的信用，而是大学生父母的信用。对于一些家境富裕的大学生来讲，这没有什么关系。而对很多家境不好的大学生来讲，如果养成了刷卡消费的习惯，那么无疑会给学生的家庭带来很大的财务压力。子女可能会在不知不觉中刷光父母手中的钱，刷光父母的养老金。因为对于年轻人来说，他们在消费上的自制能力比成年人差很多。一张信用卡在手，会让他们花起钱来无所顾忌，就会更“乱花钱”。有些大学生在上学时就以信用卡购物的方式向银行贷款消费，由于他们没有固定的收入，因此每个月只能向银行还最低限额的还款额。几年的大学生活结束后，他们在工作后的四五年内，都会努力工作挣钱，向银行偿还巨额的信用卡贷款本息。

银行为了鼓励持卡人刷卡消费，还推出了一些刷卡有积分、刷卡有礼品的促销活动，它们其实是在鼓励持卡人多花钱，是在鼓励持卡人多给它们送钱。由此可见，信用卡消费是一种不良债务。如果过度刷卡消费，就会造成持卡人财务上的压力，甚至使持卡人陷入财务困境，我们在日常生活中经常说到的卡奴就是过度刷卡消费的人。

良性债务也有可能转化为不良债务

我们来说一个真实的案例。

2000 年，我认识一对年轻的夫妇，他们都在从事当时最热门的职业，在网络公司任职。男主人是一家网络公司的中层主管，女主人是一名工程师，两个人每个月的薪水加起来有 3 万元。男主人还享有公司的股票期权，他所在的公司准备在美国纳斯达克上市。如果上市成功，他就会成为一个不折不扣的网络新贵。因对未来美好生活的憧憬，他们在 2000 年买了一栋大房子，一共花了 150 万元。其中首付 20%，也就是 30 万元，其余的 120 万元向银行贷款。在 2000 年的利率水平下，他们每个月的还款额将近 9 000 元，只占他们每个月收入的 30%。因此，他们每个月很轻松地偿还着银行的贷款，没有感受到任何财务上的压力。但是好景不长，2002 年，互联网行业经历了一个重新洗牌的过程，大量的网络公司倒闭，他们二人所在的公司也没有幸免，相继倒闭了。但是，凭着他们的高学历和在 IT 行业的从业经历，他们很快又找到了新的工作。但是，收入跟以前相比就不可同日而语了，两人的收入降到了每个月只有 1 万元。而 1 万元的收入，却要偿还 9 000 元的房贷，这无疑给他们带来了巨大的财务压力，家庭顿时陷入了财务困境。在苦苦支撑了几个月之后，他们手中的存款几乎消耗殆尽，实在是撑不下去了，男主人就给我打电话，问我说：“大哥，你说我该怎么办？”我告诉他：“你现在没有别的办法，只有一条路可以走，就是把房子卖了。”夫妻二人在经过痛苦的思想斗争之后，把房子卖了，又重新租了一套两居室。他们告诉我：“虽然我们现在没有自己的房子了，住的房子也没有以前那么宽敞了，但是自从卖了房子之后，我们的心情比以前好了许多，没有了那种焦虑的感觉。”

通过这个案例我们可以总结一些经验：人们在借贷消费的同时，应该对自己未来的收入情况有一个比较现实的预期，否则，一旦你未来的收入水平降低，你现有的良性债务很可能就会转化为不良债务，使你的生活陷入困境。因此，我们一直强调计划消费是理财一项极其重要的原则。

• 负债的起因

我们刚才讲到，越来越多的人都步入了信贷消费的行列，成为负债一族，很多人背负了不良债务，甚至成为房奴、车奴和卡奴。我们现在要分析一下，是什么原因使他们背负了不良债务，这里我们需要研究一下负债的起因。

冲动消费

现代人的生活每天都被形形色色的广告包围着，打开电视满眼充斥着各种各样的广告，楼道里都被广告商安放了广告播放器，电梯里都会看见小型广告，街道上到处充斥着巨型广告牌。无论是商品的制造商、经销商、广告商，他们都在倡导着一种“消费、消费、再消费”的文化。电视上、网络上令人眼花缭乱的广告，商场里的打折、促销信息，这些统统都在刺激着人们的购买欲望，让你在不知不觉中，因受到诱惑而冲动消费，加之现在很多人手持信用卡和手机支付，冲动消费的行为就更容易发生了。

有一次，我接受媒体采访，他们让我给女性理财提一些建议。我说：“其实女性理财和男性理财没有什么本质的区别，如果要说有区别的话，我就给女性们提个醒，要尽量克制冲动消费。”商家有一句话“女人和孩子的钱是最好赚的”，就是因为大多数女性朋友都容易受到各种广告的诱惑，产生冲动消费的行为，而且女性大多掌握家里的日常消费支出大权，因此，商家就会想尽办法让女性消费时变“冲动”。

虚荣消费

人人都有虚荣心，人活着都会自觉或不自觉地跟周围的人攀比，都愿意在别人面前显得光彩。美国有一位作家说过一句话：“你的破产是因为别人的眼睛。”如果这个世界上的人除了你都是盲人，那么你穿什么衣服甚至不穿衣服都无所谓，因为你没有可比较的对象。但可惜现实生活中不是这样，你周围的人都穿着衣服、开着车子、住着房子呢，你可以清楚地看到别人的生活，眼一见心就烦了。你会问自己：“为什么老张的车比我高级，老李住的房子比我大，老赵家的孩子可以去贵族学校上学？”诸如此类的问题多着呢。这就是虚荣心在作祟，从而引发了虚荣消费。

现在拥有自己住房的人越来越多了，如果一个家庭没有自己的住房，那么男主人的脸上肯定是没有“光彩”的，这不是我在给男人施加压力，这是社会的氛围。比如如果一个女人要结婚了，但结婚没有自己的房子，那么这个女人的家人和朋友都会为她的婚姻感到“惋惜”和“委屈”，她的“准”丈夫也会感受到巨大的精神压力。为了挽回男人的面子，他就有可能超出自己的经济能力“过度贷款”买房，面子是有了，可是这对夫妇可能会在婚后一段相当长的时间内陷入财务困境。这样的例子在现实生活中屡见不鲜。人人都有虚荣心，当你看到周围的人通过贷款拥有自己的住房时，你就会想：为什么我不能这样，凭什么我比他们生活得差？你会在心里不断强化自己的这一想法，直到实现了你的梦想，在别人的赞美声中搬进了你的新家。当然，与你同时搬进新家的还有“20 年的银行贷款”。当你搬进新家后，你又面临一个新的问题：你的邻居大多开车上下班，而你却是每天坐地铁，这让你觉得很没面子。为了达到与邻居相同的生活水准，你再次决定贷款购买一辆汽车。现在你终于成了有房、有车一族，但与此同时，你的财务状况也随之恶化。看看我们周围的人，特别是 35 岁以下的年轻人，他们中的一些人就是这样一步一步被房子、车子拖进财务深渊，成为“财务奴隶”的。

对未来的事业发展缺乏合理的预期

现在社会上存在这么一种现象：年轻人比中年人敢花钱，年轻人更比中年人敢借钱花。究其原因，是因为年轻人觉得自己年轻，赚钱的机会很多，借的钱一定能还上。而这恰恰说明很多年轻人对自己的未来抱有虚无的幻想。因为现实生活与他们的想象相比，有很大的差距，生活要比他们的想象残酷得多。让我们来看看现实生活是什么样子。

就业难，挣高薪更难

我们先来看看大学生、研究生、博士生的就业情况吧。现在的就业形势异常严峻，刚毕业的大学生找不到工作的现象相当普遍，岗位竞争十分激烈。国内一所名牌大学金融学院的教授给我讲了一个故事：他的一个研究生去一家商业银行应聘，在经过多轮考试后，脱颖而出，最后由人事部的主管面试，主管问他："你期望的薪水是多少？"他想了想，鼓足勇气说："8 000 元吧。"人事主管笑了笑说："没问题，小伙子，不过那是几年以后的事。"刚刚走出校门的大学生找工作难，那些因为种种原因失业的人找工作同样不易，看看每次招聘会上人山人海的壮观场面，就足以让你不再对自己的未来抱有过分乐观的预期了。

就业人员年轻化

看看招聘广告上对应聘人员年龄的要求，你就会对自己的职业生涯多一份担忧。现在各个单位招聘人员，基本上把 35 岁作为年龄的上限，如果你超龄，你就基本上失去了面试的机会，除非你有特殊的才能和社会关系。即使你现在有工作，随着年龄的增长，你也会面对年轻人的岗位竞争，你的压力会越来越大。我有个在银行工作的朋友告诉我："在银行工作的人，如果到了 40 岁还没有当上支行的行长、副行长，或者主任之类的职务，那么基本上就没奔头了。你见过 40 岁、50 岁的客户经理出去拉存款吗？别说支行长了，现在很多分行的领导也就 30 多岁，金融行业就是年轻人的行业，银行业如此，保险业、基金业情况也大致相同。"我们再看看社会上的其他行业，从业人员年轻化的趋势也非常明显，越老越值钱的职业越来越少了。要想越老越值钱，你就一定要成为本行业的顶级专家，这个要求对绝大多数人来讲是不太现实的，因为这不仅需要你不懈努力，还要有机遇。

岗位竞争激烈

你的收入可能低于预期的另外一个原因是岗位竞争激烈，按一些企业老板的说法："市场上最不缺的就是人才，你不干，后面有几十个人等着呢！同样一个职位，新来的人要求的薪水更低，干活更卖力。"除非你是特殊的人才，具有不可替代的作用，否则你的工作岗位就不是"铁饭碗"。

无奈的选择

我认识一个小伙子要结婚。他没有足够的钱买房，女朋友也很理解他，俩人准备租房结婚。可是女方的家长坚决不同意，他们说："我们养了这么大的女儿嫁给你，连个住的地方都没有，也太委屈我闺女了，这叫我们怎么能放心啊！"小伙子被逼无奈，向亲戚朋友借了钱付了首付，贷款买了一套两居室，算是把婚结了。俩人房子是有了，但债务也来了。当然这债务不仅包括银行的债，还有一种还不完的人情债。

把借债当成一种生活方式

有些人借钱生活已经成为一种习惯。比如我们日常生活中出现的"卡奴"，他们手中往往有好几张信用卡，一张刷"爆"了换另一张，拆东墙补西墙，借新债还旧债，以债养债，最终的结果是陷入债务的泥潭，生活看不到希望。

这里我来讲个小故事。

有一个人将近50岁了，生活一直很贫困，很不如意，于是他特意去请教一个有名的算命先生。算命先生左算右算，最后对他说："你50岁之前一定既贫穷又落魄，生活很不如意，对吗？"这个人听了非常惊讶，觉得算命先生简直是神仙，他说："大师，您说得太对了，我生活过得一直不顺心，再过几天我就50岁了，您看我50岁以后的生活会如何？"他充满了期待，等待大师的回答。算命先生说："你50岁以后依然贫穷。"他满腹狐疑地问算命先生："这是为什么？"算命先生说："因为你已经习惯过穷日子了。"

这个故事说明了这样一个道理：如果你不断重复昨天的行为，那你只能得到昨天的结果。对于那些已经习惯于借债生活的人来说，如果他们把借债当成一种生活方式，他们就会陷入债务的泥潭而不能自拔。

• 负债的代价

中国有句老话，叫作"有得必有失"。那么，让我们看看负债的人们通过贷款住进了新房子、开上了新车子、背上了新包后，他们失去了什么？

失去现金

如果你向银行贷款购房购车，你就一定要向银行支付利息。我们就以贷款买房为例，如果你向银行贷款 1 000 000 元，贷款期限 20 年，采用等额本息还款法，那么在未来的 20 年中，你大概要向银行支付 500 000 元到 1 000 000 元的利息，甚至你支付的利息总额可能超过贷款本金。贷款买车、信用卡消费同样要向银行支付利息。由此我们可以看出，贷款消费会让你手中的现金流失，甚至会大量流失。

失去自由

一旦你向银行贷款买了房、买了车，你就必须每月按时还款，容不得半点儿商量，如果你不能按时还款，银行就会在你的信用记录上记上一个“黑点”，以后你要是再向银行贷款，就可能非常困难。我们看到日常生活中有些贷款买房的人，一发工资，第一件事不是去孝敬父母，而是去银行还钱，父母可以晚一点儿孝敬，但银行可要按时“上供”，晚一天都不行。很多有贷款的人都变得“老实”了，他们在单位不敢跟领导顶嘴，怕失去工作，因为一旦丢了工作，房贷可就没着落了。有一个公司的老板对我说：“要让那些调皮捣蛋的员工听话，一个好办法就是鼓励他去买房，一旦他当上了‘房奴’，就没脾气了，叫他干啥就得干啥，因为贷款管着他呢。”可见，一个人贷款后就不如以前自由了。还有些年轻人，贷款之后不再经常逛街了，买的衣服也比以前便宜了，去饭馆的次数也变少了，参加朋友聚会的次数也变少了（因为不好意思总让别人买单），总之，生活不如以前自由了。这些都是负债的代价。

失去机会

如果你在工作期间发现一个非常好的自主创业的机会，那么你很有可能因为身负贷款而不敢去抓住这个机会。有过创业经历的人都知道，创业是艰难的，是有很大风险的。创业初期的收入是最不稳定的，甚至几个月、半年都可能没有收入，可是如果你能坚持下去，你就有可能获得巨额的回报。当你“无债一身轻”时，你可能有胆量放手一搏；而当你债务缠身时，你就得掂量掂量了。贷款是“刚性”的，每月必须按时偿还，你的收入是否稳定，银行并不关心，你极有可能因为害怕无法偿还贷款而放弃了创业的机会。还有一种情况，是你对现在的工作不满意，你发现了一个更有利于你职业发展的工作机会，但新工作的收入比现有工作的收入少，这会增加你每月的还贷压力，因此，你也很有可能不敢调换工作，从而失去一个有利于长期发展的机会。

失去健康

绝大多数过度贷款的人（我们日常生活中出现的房奴、车奴和卡奴）都患有不同程度的焦虑症，甚至抑郁症。因为财务紧张会让人们失去生活的安全感，每当人们想起自己背负的巨额债务，就会觉得自己的生活前景渺茫，进而导致精神紧张，产生心理恐慌。一个健康的人应该身体健康、心理健康和财务健康。如果一个人财务不健康，就会影响他的心理健康，从而影响他的身体健康。债务是健康的“杀手”。

• 债务的规避和偿还

规避债务

要避免落入债务的陷阱，你必须做到以下三点：

1. 养成量入为出的习惯。

2. 尽量延后满足自己的消费欲望。

3. 慎用信用卡消费。

上述观点我在前面已有详细说明，在此不再赘述。

偿还债务

如果你已经成为负债一族，那么你应该如何偿还债务呢？

建立偿债基金，偿还本金

为了彻底摆脱债务的困扰，你应该建立家庭偿债基金，偿债基金＝现在每月的固定还贷金额＋每月额外的强制储蓄＋偶然所得（工资以外的奖金及其他非正常收入）。建立偿债基金后，除每月按时还贷外，尽量积累资金用于偿还贷款的本金，只有偿还更多的本金才能减少利息的负担。如果你在还贷期间能积累资金，每积累 10 000 元就偿还一次本金（多数银行在这方面没有严格限制，不征收额外的费用），那么你的还款负担就会逐渐减轻。当然，如果你一次能偿还更多的钱，那就更好了。你要记住：只有偿还本金才能达到治“本”的目的，最终彻底摆脱债务的困扰。

偿债的顺序

如果你同时有房债、车债和卡债，我建议你这样来偿还：先还卡债，再还车债，最后还房债。因为一般来说房债最大，其次是车债，最少的是卡债。从小债还起，效果比较明显，容易让你树立还债的信心。我们打个比方，如果你一个月的债务总共有 4 000 元，其中卡债 500 元，车债 1 200 元，房债 2 300 元。你首先要做到不再刷卡消费（特殊情况除外），这样就不会增加新的卡债，然后你再利用偿债基金全力偿还卡债。卡债偿清后，你每月就会多积累 500 元（千万别把这多出的 500 元随意花掉），你的下一个目标是偿还车贷的本金，在你还完车贷后，你每月就又可以多积累 1 200 元了（还是别乱花），这时你就剩下最后一个目标了。如果 2 300 元的房贷占你月收入的比例不到 30%，按照我们前面对债务的分类，你的债务已经是良性的了，这时你可以选择继续偿还房贷本金，你也可以选择将偿债基金中的部分资金进行投资，比如购买国债、基金、股票等；如果 2 300 元的房贷占你月收入的 30% 以上，你应该继续偿还房贷本金，直到每月还款占你月收入的 30% 以内，把它变成良性债务。

以上我们对债务问题进行了系统的分析，希望你对此有个清醒的认识，也希望负债的朋友们能尽快摆脱债务的困扰，过上财务健康的生活，一生规避债务缠身。

第四章

一生坚持组合投资

这一章讲理财的重点——生钱，生钱最主要的途径是投资，投资的目的是开源。对于绝大多数人来说，仅仅靠攒钱是不足以应对未来生活需要的，而且通货膨胀还会吞噬你的财富。从长远来看，银行储蓄的利率是难以超过通货膨胀率的，如果只把钱存在银行，那么连保值都难以做到，更谈不上增值了；但是如果你把手里的钱都投资股票，那么又可能血本无归。因此，要使你的资产在保值的基础上稳步增值，你就要运用多种投资工具，比如储蓄、债券、股票、基金、美元和黄金等，也就是说，你要坚持组合投资，均衡地配置资产。

● 投资的分类和投资工具的特点

从个人和家庭理财的角度衡量，我们把投资分为三类：流动型投资、安全型投资和风险型投资。这三类投资分别用到的是“理财水库”中的三种钱，流动型投资用的是“应急钱”，安全型投资用的是“保命钱”，风险型投资用的是“闲钱”。关于什么是应急钱、保命钱和闲钱，我们在第一章已经做了说明，这里不再重复。我们现在来看看以上三类投资分别适用哪些投资工具。

流动型投资适用的投资工具

1. 活期存款。

2. 短期的定期存款（一年期以内）。

3. 大额存单（20万起存，利率高于同期定期存款利率50%左右）。

4. 结构性存款（指存款+期权，到期可以保证本金安全，收益是浮动的）。

5. 短期银行理财产品（银行理财产品是不保本的，最短期限三个月，但是风险很低）。

6. 货币市场基金。

这些投资工具的特点是流动性好，安全性也比较好，但是投资收益率很低。

安全型投资适用的投资工具

安全型投资适用的投资工具分为中期和长期投资工具。中期投资工具包括：

1. 三年期的定期存款。

2. 三年期的大额存单。

3. 一年期以上的结构化存款。

4. 三年期和五年期的国债。

5. 一年期以上的银行理财产品（有一定的风险）。

6. 债券型基金（少量购买，因为有风险）。

长期投资工具包括：

1. 传统型储蓄商业保险（养老保险、终身寿险和两全保险）。

2. 理财型保险。

3. 房产。

4. 美元。

5. 黄金。

使用这些投资工具的目的是让资产保值。

风险型投资适用的投资工具

1. 股票。

2. 股票型基金（混合基金、指数基金、FOF）。

3. P2P。

这些投资工具的特点是可能让你亏本，但也可能给你带来很高的投资收益。

● 投资的收益和风险

说到投资，就要提及收益和风险。投资的目的是为了获得收益，收益是你通过投资获得的超出投资本金的钱，也就是我们通常说的

"赚来的钱"。在很多情况下，比如投资股票和不动产，收益的获得具有不确定性，也就是说你投资的结果可能是赚钱，可能是不亏不赚，还可能是亏本，我们把这种收益获得的不确定性称为"风险"。

投资的风险来源于两个方面：一方面的风险来自投资产品本身价格的波动，如股票价格的涨跌、房价的涨跌等，如果你买的股票价格高，一旦价格下跌，你就可能亏钱；另一方面的风险来自投资产品本身的流动性，所谓流动性，说白了就是指产品好不好卖。流动性风险是指你想卖出投资产品的时候可能卖不出去，你必须降价出售，有时即便你降价出售也可能难以成交，结果是你无法顺利地将你的投资产品变现。房产就属于流动性比较差的投资产品。

投资的收益和风险是一对孪生兄弟，相伴而生，如影随形。世界上根本不存在高收益、低风险的投资产品，你要想获得高收益，就一定要承担高风险。反过来讲，你即便承担了高风险，比如投资股票，却不一定能获得高收益，你也有可能亏本。因此人们常说的一句话"高风险高收益"是错误的，应该改成："高风险可能让你获得高收益，还有可能让你亏本"。

• 投资管理的原则

投资管理的实质是对人们"情绪"的管理，管理好你的"情绪"，成功自然会敲门。要管理好你的投资，必须严守纪律，你应该遵循以下三项原则：

什么钱“干”什么事

应急钱用于流动型投资，保命钱用于安全型投资，只有闲钱才能用于风险型投资。在任何情况下，都不能用应急钱和保命钱买股票、股票型基金。

坚持分散投资

我们上面说的“什么钱干什么事”，是属于“大分散”。“大分散”下面还要进行“小分散”，比如你的流动型投资中应该包括活期存款、结构性存款和货币市场基金；你的安全型投资中应该包括定期存款、国债、养老保险和黄金；你的风险型投资中应该包括股票和基金（指数基金和 FOF）。分散投资的目的是分散风险，达到一种整体上的平衡，避免“一招不慎满盘皆输”的结局。

年龄越大越应保守

随着你的年龄增长，你的投资组合也应该趋向“保守”，你可以将风险型投资逐步转变成安全型投资，到你 55 岁的时候，你的保命钱应该够你未来 20 年的生活费。如果你已经 60 岁，就尽量不要去投资股票，股票型基金也要尽可能少买。如果你的保命钱足够多的话，那么你也可以适当买一些。我之所以这样说，是因为无论从生理、心理还是财务安全方面考虑，老年人都不适合进行高风险的投资。

• 理财中的主要投资工具

本章中主要讲述股票投资、基金投资，因为这是两种最主要的投资工具。然后简单阐述银行理财产品和 P2P 投资。

股票

股票的概念和特点

首先需要说明，我们这里说到的股票是指上市公司发行的普通股。

股票是一种有价证券，是上市公司在筹集资金时向出资人公开发行的证明其所持股份的凭证。股票是代表持有人（即股东）对上市公司净收入和净资产的权益要求权的一种金融资产。股票一经发行，持有人就成为上市公司的股东，有权参与公司的决策、分享公司的收益，同时也要分担公司的责任和经营风险。股票一经认购，持有人不能以任何理由要求退还股本，只能通过证券市场将股票转让和出售。

股票是最重要的一种金融资产，是公认的最大众化的、最佳的长期投资工具。但是，对于 99% 的投资人来说，股票就是一种“博弈”工具，说得再通俗一些，就是“赌博”工具，所以人们把股票投资称为“炒股票”。股票投资的收益存在很大的不确定性，有可能获得巨大的收益，也有可能导致巨额亏损。最重要的一点是，世界上没有一个“正常人”能预测股票价格的涨跌。

股票的收益和风险

1. 股票的收益

股票的收益有两个来源：股利收入（分红）和资本利得（买卖差价）。股票的投资收益率用下列公式计算：

$$R=[D+（P_1-P_0）]/P_0$$

其中，D 为公司支付的股利，P_1 为股票的卖出价格，P_0 为股票的买入价格，R 为股票的收益率。

2. 股票的风险

股票面临的风险包括系统风险和非系统风险。所谓系统风险就是“大盘”的风险，比如国家实施宏观调控政策会引发大盘的整体下跌，这时几乎所有的股票都难以幸免；如果大盘是处于“跌势”，那么绝大多数的股票都会随大盘下跌。有些股票今天可能不跌，但明天也可能会大幅“补跌”。系统风险是每一只股票都面临的风险，是不能规避的。

所谓非系统风险就是“个股”风险，比如某个上市公司突发“丑闻”，该上市公司的股票可能会大幅下跌；再比如，国家出台针对某一行业的调控措施，引起该行业上市公司股票的集体下跌。非系统风险可以通过“组合投资”的方式加以控制，有关研究表明：如果投资组合中有 20 只不同行业的股票，就基本上可以规避非系统风险。

股票的估值

股票的估值就是“估摸”的值。股票估值的方法有两种：一种是股利贴现法，另一种是相对估值法。股利贴现法较为复杂，不适合个人投资者使用。这里我们主要介绍简单实用的相对估值法。相对估值法是通过比较同类公司的价值来决定一家公司的价值。相对估值法主要包括市盈率法和市净率法。

1. 市盈率法

市盈率（P/E，其中 P 是英文 price 的缩写，E 是英文 earning 的缩写）是每股股价和每股收益的比率。

市盈率可以分为动态市盈率和静态市盈率。比如如果某只股票的价格是 20 元，去年每股收益是 1 元，那么该只股票的静态市盈率就是 20 倍；如果预计该只股票今年每股收益是 2 元，那么该只股票的动态市盈率就是 10 倍。一般我们说的市盈率是指静态市盈率。

市盈率还可以分为大盘市盈率和行业市盈率。大盘市盈率是指整个市场所有股票的平均市盈率，代表市场整体的估值水平；行业市盈率是指某一行业所有股票的平均市盈率，代表该行业的整体估值水平。

市盈率法是最常用的一种对股票估值的方法，股票的价格等于预计的每股收益乘以市盈率的预测值。

预测公司未来的收益是股票估值的一个难点，根据公司目前的收益，你最多只能依据经验猜测一下股票的定价是否合理，可你无法准确知道公司未来收益的变动情况。然而这并不等于你对预测公司未来的收益无从下手。你可以从公司披露的信息中找到该公司为增加收益所制订的计划，你还可以从该公司季报、半年报、年报中查看计划的执行情况。一家公司增加收益的方法主要有以下 8 种：削减成本，提高价格，开拓新市场，在原有的市场上出售更多的产品，收购赚钱的业务，重组或清理赔钱的业务，原始投资大幅增值和股票投资增加收入。每年都会有很多专家对上市公司的业绩进行预测，他们可能比你掌握更多的信息，即使这样，他们的预测也难以准确，失误的概率很高，因此你不能轻信，只能作为参考。预测公司未来的收益，最简单的做法是当期收益乘以一个增长率，假如去年公司的每股收益是 1 元，且公司过去三年每股收益的平均增长率是 20%，那么预计今年每股收益是 1.2 元。

下面，我们来预测一下市盈率。首先要找到公司所在行业（所谓行业就是从事同类业务的公司的统称）的平均市盈率，在此基础上，考虑该公司的具体特点，比如该公司在行业中的地位、盈利能力、管理水平等因素，如果公司水平高于行业平均水平，就应该给予该公司高于行业水平的市盈率。反之，就应该给予该公司低于行业水平的市盈率。

我们有了未来收益和市盈率的预测值，把二者相乘，就得到了预计的股票价格。最后要提醒大家一点：同样一只股票在“牛市”和“熊市”可能会有完全不同的估值，因为股票市场就不是一个“理性”的市场。

2. 市净率法

市净率（P/B，其中 P 是英文 price 的缩写，B 是英文 bookvalue 的缩写）是每股股价和每股账面价值的比率。我们在给银行股和券商股估值时常用这种方法，对银行股来讲，通常 1 倍到 2 倍的市净率是比较合理的水平，而券商股 1.5 倍到 2.5 倍的市净率是比较合理的水平。市净率法的“使用率”没有市盈率法高。

除了上述两种方法，还有其他的相对估值法，比如息税前利润倍数法等，这里就不详细介绍了，对个人投资者来说，基本用处不大。

股票投资的本质就是“博弈”

我将以一个卖烧饼的故事来描述股市，看看能否解答你的疑问。（本文来源于新浪网博客）

假设一个市场，有两个人在卖烧饼，有且只有两个人，姑且称他们为“烧饼甲”“烧饼乙”。

假设他们的烧饼价格没有物价局监管。

假设他们每个烧饼卖1元钱就可以保本（包括他们的劳动力价值）。

假设他们的烧饼数量一样多。

——这就是经济模型，需要很多假设。

再假设他们生意很不好，一个买烧饼的人都没有。于是，他们很无聊地站了半天。

甲说：“好无聊。”

乙也说：“好无聊。”

看故事的你们也说：“好无聊。”

这个时候的市场显然很不活跃！

为了让大家不无聊，甲对乙说：“要不我们玩个游戏？”乙表示赞成。

于是，故事开始了……

甲花1元钱买乙一个烧饼，乙也花1元钱买甲一个烧饼，现金交付。

甲再花2元钱买乙一个烧饼，乙也花2元钱买甲一个烧饼，现金交付。

甲再花3元钱买乙一个烧饼，乙也花3元钱买甲一个烧饼，现金交付。

于是，在整个市场的人看来（包括看故事的你），烧饼的价格飞涨，不一会儿就涨到了每个烧饼60元的价格。但只要甲和乙手上的烧饼数量一样，就意味着谁都没有赚钱，谁也没有亏钱，但是他们的资产被重估后，资产“增值”了！甲乙拥有高出过去很多倍的“财富”，他们的身价提高了很多，“市值”也增加了很多。

这个时候，一个小时前路过烧饼摊的路人丙发现，烧饼由1元一个涨价到现在的60元一个，他很惊讶。

一个小时以后，路人丙发现烧饼已经是100元一个，他更惊讶了。

又一个小时以后，路人丙发现烧饼已经是120元一个了，他毫不犹豫地买了一个烧饼，因为他是个投资兼投机家，他确信烧饼价格还会涨，价格上还有上升空间，并且有人给出了超过200元的“目标价”（在股票市场，他就是股民，给出目标价的人就是研究员）。

在烧饼甲、烧饼乙“赚钱”的示范效应下，甚至路人丙赚钱的示范效应下，接下来，买烧饼的路人越来越多，参与买卖的人也越来越多，烧饼价格节节攀升，所有的人都非常高兴，因为很奇怪：所有人都没有亏钱。

这个时候，甲和乙谁手上的烧饼少，即谁的资产少，谁就真正赚钱了。参与购买的人，谁手上没烧饼了，谁就真正赚钱了！而且卖了烧饼的人都很后悔——因为烧饼价格还在飞快地涨。

那谁亏钱了呢?

答案是谁也没有亏钱，因为很多出高价购买烧饼的人手上持有大家公认的优质等值资产——烧饼！而烧饼显然比现金好！现金存银行能有多少利息啊！哪比得上价格飞涨的烧饼啊！甚至大家一致认为，市场中的烧饼供不应求，可以考虑购买烧饼期货。于是出现了认购权证。

有人问："买烧饼永远不会亏钱吗？"看样子是的。但突然市场上来了一个叫李子的人，李子说："有亏钱的时候！"那么哪一天大家会亏钱呢?

假设一：市场中设立了物价部门，它们认为烧饼的定价应该是每个1元。（监管）

假设二：市场中出现了很多做烧饼的人，而且价格就是每个1元。（同样题材）

假设三：市场中出现了很多可供玩儿这种游戏的商品。（发行）

假设四：大家突然发现这不过是个烧饼！（价值发现）

假设五：没有人再愿意玩儿互相买卖的游戏了！（真相大白）

如果有一天，任何一个假设出现了，那么这一天，有烧饼的人就亏钱了！那谁赚了钱？就是最少占有资产（烧饼）的人！

这个卖烧饼的故事非常简单，人人都觉得高价买烧饼的人是傻瓜，但我们再回头看看我们所在的证券市场中的人们吧。这个市场的有些所谓的资产重估、资产注入何尝不是这样？ROE（净资产收益率）高的企业，其资产有高溢价下的资产注入，和卖烧饼的原理其实一样，谁最少地占有资产，谁就是赚钱的人，谁就是获得高收益的人。

所以，作为一个投资人，要理性地看待资产重估和资产注入，忽悠别人不要忽悠自己，尤其不要忽悠自己的钱！

如果投资项目涉及高 ROE 下的资产注入，尤其是券商借壳上市、增发购买大股东的资产、增发类的房地产等资产注入，那么你一定要把眼睛擦亮再擦亮，慎重再慎重。

因为，你很可能成为一个持有高价烧饼的路人！

从这个故事中，我们有以下的发现：

1. 烧饼的价格是由庄家和投资人的情绪决定的。

2. 多数人最终赔钱，只有少数人赚钱。

3. 卖烧饼的游戏是零和游戏。

4. 每个人都想在这个市场里赚快钱。

我们再回头看看股票市场，会发现股票市场与“烧饼市场”几乎是一模一样的：

1. 股票的价格是由庄家和投资人的情绪决定的。

2. 10 个人投资股票，只有一个人赚钱，9 个人赔钱。

3. 股市也是零和游戏的市场（上市公司的分红除了被大股东拿走，分给散户的部分都交了证券公司的手续费和印花税）。

4. 每个进股市的投资人都是想赚快钱的人。

综上所述，投资股票就是“买卖烧饼”的博弈。你要记住：股票的价格 = 现金流的价格 + 品牌的价格 + 情绪的价格。

投资人不可不知的股市法则

1. 高抛低吸法则

投资人进入股票市场的目的都是为了赚钱。赚钱的主要方法（由于上市公司的现金分红实在是少得可怜）是贱买贵卖，也就是高抛低吸。但是绝大多数的投资人在实际操作中的做法恰恰与此相反，他们都是在做高吸低抛交易。由此，我们就明白了10个人投资股票，只有一个人赚钱，其余9个人都赔钱的道理。

2. 市场认同法则

你可能买到一只好股票，公司盈利能力很好，股价市盈率也很低，但股票价格就是不涨，这时，你会发现机构给出的分析报告的评价也很负面。但是，经过很长时间后，这只股票的价格开始大幅上涨，伴随着股票价格的上涨，那些过去给出负面评价的分析机构纷纷改为正面评价，而且股价越涨，正面的评价报告就越多。这一现象说明了股市的一个重要法则：市场认同法则。这一法则告诉投资人：你买入的股票价格上涨的前提是要得到市场的认同，在市场不认同的时候，你买入的股票可能长期低迷，但这并不是说你买入的决策是错误的，只是暂时没有得到市场认同而已。这一法则给很多有眼光、有耐心的投资人提供了长期的获利机会。

3. 信息不对称法则

虽然证券监管部门对上市公司的信息披露有严格的规定，但是股票市场里的信息在很多情况下是不对称的，因为你不可能比上市公司的总经理、财务总监、董事长的三亲六故更早知道有可能影响股票价格的重大信息。虽然内幕交易是法律严格禁止的，但是却永远无法被杜绝，其根本原因在于利益驱动。

4. 股票无好坏法则

有些投资人习惯把某些盈利能力强的公司股票称为“好股票”，某些盈利能力差的公司股票称为“坏股票”，这是不对的。任何一只股票都可能给你带来利润，也可能给你带来亏损。如果一家盈利能力强的公司股票的价格上涨到很高的位置，那么它同样会给你带来巨大的损失；如果一家盈利能力差的公司股票的价格下跌到很低的位置，那么它反而能给你带来很大的收益。投资人千万不要根据个人的偏好进行股票分类，对所有的股票都应该一视同仁。

5. 收益不可预知法则

很多机构的分析师每年都会对上市公司的业绩进行预测，但准确度并不高。由于受到多种因素的影响，上市公司的业绩在不断变化，因此不能简单地把上市公司半年的业绩乘以 2，当作上市公司全年的业绩。市场对看好的股票业绩会有较高的预期，这些股票是当前的热门股，通常市盈率较高；反之，市场对不看好的股票业绩的市场预期较低，这些股票属于冷门股，冷门股的市盈率通常比较低。对于高市盈率的股票，如果实际收益略高于预期，那么股价很难再往上涨，因为市场心理预测收益远高于预期。如果收益与预期相同，甚至低于预期，那么股价会下跌，因为市场会极度失望。另一方面，对于低市盈率的股票，如果实际收益与预期相同，甚至高于预期，那么股价涨幅一般会高于大盘，因为市场心理预测收益不会这么高；如果实际收益低于预期，那么股价也很难再跌，因为市场已经预期收益不好。这个法则告诉你买入什么样的股票更安全可靠。

6. 投机法则

进入股票市场的人（99.9%）都是来投机的。投机具有以下三个特性：一是你想快速赚钱；二是你采用杠杆交易；三是你把全部的钱都押在一只股票上。如果你具备上述三个特性之一，你就是在投机。既然你是来投机的，你就要做好赔钱的心理准备，而且要知道在股票市场里赔钱是很快的，你最好拿输得起的钱来投机，不要赔了本金。

7. 听消息赔钱法则

股票市场是消息满天飞的地方，几乎人人都有消息，人人都传播消息。很多投资人四处打探消息，并以此作为投资决策的依据，但是结果几乎都是赔钱。往往消息来源越“可靠”，赔的钱越多，原因很简单：投资人重仓买入的股票恰恰是庄家要出货的股票，有的庄家就是靠向有钱人散布“绝密消息”来完成出货的。

8. 市场不可预测法则

没有人能准确预测股票市场的涨跌和点位。虽然很多机构和个人每天都在乐此不疲地做这件事，但那只是他们工作的一部分，仅此而已。能准确预测市场的只有三种人：天才、疯子和骗子。

9. 荣枯相生法则

繁荣和枯萎总是相伴而生的。没有永远上涨的股市，也没有永远下跌的股市。涨多了就会跌，跌多了就要涨，这是永恒不变的真理。

10. 低价出黑马法则

每年股市里涨幅最大的股票大都出自低价股。这些股票平日不被市场关注，便于庄家收集筹码。庄家的筹码收集完成后，再不断发布利好消息，股票自然会大幅上涨。因此，投资人平日不妨花点儿时间来关注那些低价冷门股。

11. 买不看跌卖不看涨法则

很多投资人都有过这样的经历：本来一直上涨的股票，自己一旦买入，就开始跌了；而自己持有的股票一旦卖出，该股股价立刻大幅上涨。好像市场成心在跟自己作对。针对这一现象，市场总结出一句名言：买不看跌，卖不看涨。

12. 钱不进急门法则

在股票市场里，往往越着急赚钱的人越会赔钱。原因很简单：着急赚钱的人心态一定不好，心态不好的人一定做不到理性投资。如果你想拿结婚的钱或者公款在股市里快速捞一把，那么等待你的很可能是继续单身或是牢狱之灾。

13. 股评不能信法则

每天电视、广播、报纸里都有很多所谓“专家”在评论股市，他们大都会向投资人推荐股票。但是，在市场中我们却找不到听“股评”发财的人；相反，听“股评”赔钱的人却数不胜数，这其中的原因不言自明。成功的投资靠的是自己的勤奋和努力，而不是靠“专家”的建议，因为不存在股市专家。

14. 先甜后苦法则

新的投资人大都在牛市开始时进入市场，因此他们往往都会尝到先赚钱的滋味，赚钱的效应让他们变得更大胆了，他们不断地追加投资，期望赚到更多的钱。但是好景不长，随着股价下跌，他们很快就会把赚到的钱“吐”出去，随后开始亏损本金。当他们意识到股市里的钱很难赚到时，他们就已经无法逃离这片苦海了。

15. 赚“纸”赔钱法则

如果你不把投资股票的利润从账户中取出来，你就不能说你赚到了“钱”，你赚到的是“纸”，因为这些“钱”在你下一次操作中很可能就消失了，而你在股市中亏掉的“钱”却是真金白银啊。

16. 十年法则

任何一个新投资人，在股市里都要经过十年的历练才能成为一个成熟的投资人，任何人概莫能外。股市里没有速成班，想一步登天的结果就是一败涂地。

17. 理性持有法则

很多投资人对自己买入的股票都有“感情”，这种“感情”随着持有时间的延长在不断加深，他们会把很多美好的事情同自己的股票结合起来，如同把股票当恋人，从而影响了对股票的客观的、理性的判断。我有一条经验：从不对别人持有的股票品头论足。如果你说别人买的股票不好，那么他会认为你在说他的智商有问题，还会找出很多理由来反驳你，以此证明他的选择是正确的，此时的他和他的股票已经是一体的了。这一点，投资人应该引以为戒。

18. 适当空仓法则

很多投资人的股票账户常年处于满仓状态，他们害怕一旦空仓就会失去千载难逢的赚钱机会。他们不知道其实休息也是一种投资。这里我说的休息是指不仅让你自己休息，而且让你的钱也休息休息。在股市里，你就是将军，而钱是你的士兵，休息是为了等待时机，养精蓄锐，以利再战。

19. 适时看盘法则

投资股票的人很容易上瘾，每天到时间就要看盘，欲罢不能，这和抽烟有点儿相似，但这是不可取的。

20. 大鱼吃小鱼法则

在股市里，实力雄厚的机构投资人无论在资金实力、信息渠道、市场研究、投资经验等方面均优于中小投资人，中小投资人往往是机构投资人“捕食”的对象。

全面理解和掌握上述 20 个股市法则，有利于投资人对股票投资有一个清醒的认识，进而有利于投资人进行理性投资。

投资人必经的三个阶段

一个投资人从进入股市到成为一名成熟的投资人（是指能够在股市中长期赚钱），一般要经过 10 年的历练，没有人能够一步登天。这 10 年大致可以划分为三个阶段。

第一阶段：道听途说。投资人初入股票市场时，对市场情况的了解不多，基本上是一无所知、两眼一抹黑的状态。这些投资人对股票没有任何研究，投资决策全靠“消息”，消息的来源包括各种“股评”和朋友推荐。这一阶段投资人的主要表现是赚钱心切，没有主见，没有“风险”意识，为了“暴富”不惜冒一切风险，通常是“满仓”一只股票，追涨杀跌。这一阶段大约需要一年左右的时间，投资人在这一阶段依据“道听途说”买卖股票，往往会遭受很大的损失。

第二阶段：自以为是。投资人吸取了第一阶段的教训，“发誓”要自力更生。投资人开始发奋学习关于股票投资的知识，购买了大量书籍，参加了各种培训，不断丰富自己的头脑。随着知识在实战中的应用，投资人在买卖操作上越来越得心应手，屡屡获胜，有时甚至可以买在最低点卖在最高点。每一次操作成功，都会给投资人带来极大的成就感和满足感。随着时间的推移和成功次数的增加，投资人对自己的能力深信不疑，自信心开始极度膨胀，虽然嘴上不说，但其内心常常以“股神”自居，觉得自己可以“笑傲股林”。处于这一阶段的投资人的主要表现为频繁操作、满仓操作（决不允许账户上留有现金，觉得空仓一日就是损失，心中会觉得忐忑不安）；在心态上表现为非常浮躁和脆弱，买了大涨的股票就到处炫耀，得意非凡；买了大跌的股票就懊恼、沮丧，怨天尤人。股票已经成为投资人生命中最重要的组成部分，他们每天必须看盘，逢人就谈股票，股市一天不开盘就像丢了魂儿，他们就像吸了鸦片，欲罢不能。这一阶段的投资人的脑中只有“赚钱”两个字，风险意识很淡薄，在业绩表现上要么大赚大赔，要么小赚大赔。通常，这一阶段需要 6 年左右的时间。因为投资人盲目自信、自以为是，又不懂得如何规避风险，所以，他们通常会遭受惨重的损失。相当一部分投资人在遭受这一阶段的重创后，无力翻身，从此离开了股票市场；另外一小部分投资人在遭受惨痛损失后，幡然醒悟，开始自我“再造”。

第三阶段：风险控制。投资人经过痛苦的历练之后，开始反思，终于认识到自己以前的水平很低，在投资上很不成熟，需要“修炼”。于是，投资人再次开始学习，而这次学习是系统地学习，包括各种分析方法、投资组合管理、风险控制和投资心理学等。投资人在心态上开始变得平和，情绪基本稳定，不再大喜大悲；在操作上也不再急功近利、急于求成，而是追求一种长期有效的赚钱方法；最重要的一点是投资人开始把“风险控制”放在第一位，“不赔钱”成为投资的第一准则。此时，投资人的股票投资策略基本采用“组合”的方式，满仓一只股票的情况不再出现。投资业绩表现为稳定赚钱，较大损失的情况很难出现。这一阶段需要 3 年左右的时间。处于这一阶段的投资人可以说基本上成熟了。但是，要想一辈子在股市中交易，投资人还要继续学习和修炼，永无止境。

股票投资的 50 条精髓

1. 投资股票的成功秘诀：找到简单的方法，然后不断地重复操作。

一个 10 岁孩子的投资业绩未必比一个成年人的投资业绩差，就是因为孩子思维简单，而成年人想得太多。

2. 股票投资不是撞大运，如果你想撞大运，那么，所有的好运都会离你而去。

股票投资的成功靠的是 90% 的勤奋，而另外 10% 是运气。你一生中可能会有一次或两次交好运的时候（买入后就连续地涨停）。不过，你不可能每次都有好运，否则你就不是人了，而是神，可惜股市里没有神。

3. 如果你稀里糊涂地赚到钱，那么你也会稀里糊涂地赔光钱。能够长期在股市中赚钱的人一定是掌握了正确的、适合自己的投资方法，赚到的钱一定是有原因的。如果你稀里糊涂地赚到钱，那么你八成会稀里糊涂地把钱赔光。

4. 投资股票不能动用生活费用，只能用闲钱投资。

如果你动用养老金、动用买房子的钱、动用结婚的钱进行投资，那么你就不会有个良好的投资心态，注定从一开始就输了。而赔光了生活费用，就会影响你的生活质量，甚至让你陷入财务困境。

5. 不能借钱投资股票，因为这样就超出了你的投资能力。

首先，借钱投资就属于超能力的行为；其次你借来的钱是有利息的，也是有期限的，而投资股票的收益是不确定的，甚至可能是亏损的，因此两者是不匹配的。

6. 如果你不怕赔钱就不会赔，如果你只想赢钱就不会赢。

如果你是用“闲钱”投资股票，即使这些钱赔光了也不影响你的生活，你就有了好的开始。如果你手里只有 1 万元，想在较短的时间内把它翻几倍，那你就赔定了。

7. 股市里没有“专家”，只有输家和赢家。

不要相信“专家”，如果他们能准确预测股票涨跌，那么他们早进富豪排行榜了；也不要被“专家”的头衔所迷惑，比如博士、首席……你要记住一句话：一个博学的蠢材会比一个无知者蠢两倍。

8. 不要成为证券咨询公司的会员，因为你支付了咨询费，换来的是亏损。

有些证券咨询公司的销售会打电话告诉你，如果你交了钱，成为他们的会员，他们就会给你推荐“黑马”股票，让你轻松赚钱。而你成为会员后的结果是赔了夫人又折兵。

9. 不要向别人推荐股票，因为赚了钱不归你，赔了钱落埋怨。

每个人选择股票的标准不尽相同，你千万别自作多情，把自己看好的股票推荐给别人，那样你会里外不是人。

10. 不要看电视中的股票节目，因为那会让你更糊涂。

电视中的股票节目，如《股市猜猜看》等，就是主持人和几个嘉宾一起给股市算命——明天是涨还是跌？而这个问题永远都不会有答案的。有的嘉宾天天说涨，因为总有一天会涨；有的嘉宾天天说跌，因为总有一天会跌。他们的预测毫无意义。

11. 不要听信小道消息。如果你有 100 万元，加上几条小道消息，你就离破产不远了。

独立思考是一种习惯，听信消息也是一种习惯。如果你养成了听信消息的习惯，那么你早晚会赔个精光。

12. 投资股票，风险控制永远放在第一位。因为只有不赔钱，你才有机会赚钱。

当你知道怎么做才能不赔钱时，你才可能学会怎么做才能赚钱。

13. 你要知道什么是止损，以及在什么时候止损。

当股票的市场表现证明你当初的判断是错误的时候，要立即“止损”，卖出股票。“止损”的幅度最好控制在 10%~20%。一旦亏损超过 50%，你的资产就会被“腰斩”。小止损只会“挨耳光”，而大止损往往会“断手脚”。

14. 你还要知道什么是止赢，以及在什么时候止赢。

当股票的市场表现达到甚至超过你的预期时，要逢高卖出（当然你也可以继续抱牢股票）。我总结了几条卖出股票的标准，供投资人参考：

- 股价一旦达到你设定的合理价位，立即卖出。
- 股价一旦达到你设定的合理价位的 80%，立即卖出。
- 股票的市盈率高于行业平均市盈率 20% 以上，立即卖出。
- 股票的市盈率达到市场平均市盈率水平，立即卖出。
- 股价上涨一倍，立即卖出。
- 股价上涨一倍，卖出一半。
- 股价上涨 50%，立即卖出。
- 股价上涨 50%，卖出一半。

15. 不要在卖出股票后埋怨自己。

股市上经常出现这样一种现象：投资人卖出股票后，股价继续上涨，甚至是大幅上涨。投资人在这种情况下往往喜欢自责，他们觉得自己本来可以赚得更多，所以该赚而未赚到的钱应该算是亏损。在这样的心理状态下，投资人在赚到钱之后，仍然有赔钱的感觉。在此我奉劝各位一句：千万别跟自己过不去，你应该觉得高兴才对，因为你已经赚到钱了。

16. 一旦你犯了错误，要勇于承认。

对于绝大多数投资人来说，承认犯错误是对自己情绪的毁灭性打击，他们会因此而备受煎熬。于是，他们继续抱牢亏损的股票，望眼欲穿地等待股价回升到他们买进的水准，甚至更高的那一天。在心理上，他们觉得皇天不负有心人，只要坚持等待，最终就一定能使股价回升，原先的错误也会因此而一笔勾销。看看我们周围的“套牢族”，你就不难明白这一点了。

17. 不要跟股票谈恋爱。

投资人无法卖出股票的另外一个重要原因，是他们在和股票“恋爱”，他们觉得不能背叛自己的“爱人”。股票是你赚钱的工具，最多只能当“情人”。

18. 在牛市中，你要学会克制你的贪婪。

在股市中，投资人做短线能赚钱，做长线也能赚钱，而唯独贪心者赚不到钱。以下是最常见的贪婪心理：

- 你有良好的掌控感。你觉得手中的股票没有风险，一切在你控制之中。
- 如果你持有的股票获利丰厚，那么你认为都是自己的功劳。
- 你发现自己想更快地拥有更多的财富。你觉得一年 10% 的投资收益率实在是太低了，在一年甚至更短的时间内翻一倍是很正常的事情。
- 你觉得“垃圾股”也很值得投资，而你平时是远离“垃圾股”的。
- 你对高价股越来越看好，认为它们的价格还会更高。
- 你觉得市盈率跟股票价格无关，用市盈率来衡量股价很愚蠢。
- 一旦空仓，你就有一种被“抛弃”的感觉。
- 你越来越关注“小道消息”，认为“小道消息”真的很准。
- 你的好胜心突然增强，你喜欢跟别人“比试”股票，从而证明自己比别人强。
- 你不再分散投资，而是集中资金买一只股票。

- 你认为这次牛市跟以往情况不同，这次牛市一定会长期持续下去，未来的10年一定是“黄金10年”。

19. 你在牛市中可以采用以下的投资策略：

- 在市场平均市盈率高于30倍时不再买入股票。因为市盈率超过30倍，就表明市场已经没有投资价值了。
- 在市场平均市盈率超过40倍时卖出全部股票。因为市盈率超过40倍，就表明市场处于投机状态。
- 在股价上涨一倍时，卖出50%的股票，收回本金。收回了本金，你就是真正的赢家。
- 不要轻易换股票，因为牛市中所有的股票都会轮番上涨。
- 在牛市“头部”迹象出现时，逐步卖出股票，把资金投入债券或债券基金。

20. 在熊市中，你要克服恐惧心理买入股票。你可以采用以下的投资策略：

- 买入市盈率低于10倍的公司股票。只要公司收益稳定，这就是合理的价格。
- 买入市净率低于1倍的公司股票。理由同上。
- 买入达到你心理价位的公司股票。虽然你不可能知道什么时候是最低的价位，但是你却可以分批买入摊平成本。

21. 如果你长期看好一只股票，那么你可以采用“定期定额”投资的方法来购买，定期定额投资可以摊平成本。

你选择一只股票进行定投，其先决条件是发售这只股票的公司不会倒闭。你可以选择银行、保险公司以及事关国计民生的垄断性公司进行定投。千万别选择创业板的公司进行定投，因为它们的经营太不稳定了，这些公司很容易倒闭。

22. 即使你再看好一只股票，也不能把全部的钱投进去，因为那样就变成了赌博。

“不要把鸡蛋放在一个篮子里”，这句话永远都是对的。

23. 如果你是个新手，那么你在开始投资股票时，最好把一半资金分次购买股票，再把一半资金分次购买指数基金，这样可以帮助你度过一个心理适应期。

如果你有 12 万元准备投入股市，你可以先投入 2 万元购买股票，2 万元购买指数基金；半年后再投入 2 万元购买股票，2 万元购买指数基金；一年后再投入 2 万元购买股票，2 万元购买指数基金。这样你对股市的波动就有了心理上的适应和准备。

24. 股市里没有“速成班”，任何一个成熟的投资人都要经过 10 年的历练。

一个成熟的股票投资人，至少需要经过 10 年的历练，要经过道听途说、自以为是和风险控制这三个阶段（前面已经有详细的讲述），没有人能够例外。

25. 不要天天看盘，那样你会经不住诱惑的。记住：K 线图就是心电图。

“盘面”每时每刻都会告诉你股票的价格，但是这个价格并不能准确反映股票的真实价值，你要是天天看盘，就难免受到市场的影响，做出匆忙的买卖决定。记住：在股市里，“勤快”往往和收益成反比。

26. 股市中最赚钱的方法：买入好的公司股票，然后长期持有，可惜没有几个人能做到这一点。

如果你准备长期投资，你精挑细选了一只股票，并在买入后长期持有，那么你一定会是股市的大赢家。记住：时间是股票最好的朋友。

27. 如果你不想在分析股票市场走势上花太多的精力，那么你在低位买入银行股和保险公司的股票是不错的选择。因为它们很难倒闭。

银行和保险公司的经营不太需要新的技术，它们的技术不会被淘汰，只要经营得当，它们就永远都不会破产。

28. 如果你在股市中想赚钱，你就必须有耐心。耐心和时间是股票最好的朋友，很多人输钱都是因为心急。

很多投资人在股市亏钱的原因都是没有耐心。他们总想着一夜暴富，结果却是一败涂地。没有耐心的人不适合进入股市。

29. 任何事情都有两面性，而股市只有一面——正确的一面。

如果你做错了，会立即受到市场的惩罚——亏钱。

30. 投资股票不能做“杠杆”交易，因为那样做你会“死”得更快。

所谓杠杆交易，就是用一元钱做十元钱的交易，杠杆的放大作用会使你面临极大的投资风险，严重影响你投资时的心理状态。

31 . 投资股票，赚钱是一种习惯，赔钱也是一种习惯。

当你有了自己的交易体系，可以稳定赚钱时，你就养成了赚钱的习惯；反之，你没有自己的交易体系，那么赔钱也就成了一种习惯。

32. 要想成为一个赚钱的投资人，你一定要经历“赔大钱”的过程。因为，只有“赔大钱”，你才会知道什么是风险。

不管你看过多少关于股票的书籍，听过多少投资讲座，都没有你自己“赔大钱”的经历来得深刻。“赔大钱”是最好的风险教育。

33. 不要进行模拟股票投资，因为那根本没有用。即使你的模拟投资做得再好，但当你拿钱去投资的时候，你的心态也会完全不一样了。

模拟股票投资就是纸上谈兵，要知道，真刀真枪上战场和纸上谈兵完全是两码事。

34. 等你懂得不该做什么才能不赔钱的时候，你才能真正懂得该做什么才能赚钱。

投资股票的一条重要原则：不要让本金亏损。当你深刻理解这句话的含义时，你就会知道怎么做才能够稳定地赚钱了。

35. 如果你把每次投资都当成一生中的最后一次，那么你亏钱的可能性就小得多。

我讲这句话的目的，是告诉你投资一定要慎重。很多投资人在生活中是很会“算计”的人，买双几百元的鞋都要货比三家，可是头脑一热，就把几万、几十万元投入一只自己根本不了解的股票中了。如果你在每一次投资股票时，都告诉自己这是一生中的最后一次机会，那么你肯定会慎重得多。

36. 投资股票前，你必须为自己制订交易计划，不要听信别人的建议改变交易计划。

有的投资人本来计划买 A 公司的股票，可是到了交易大厅，看到别人都买 B 公司的股票，于是就跟着别人买 B 公司的股票了，结果回家后就后悔了。你要记住：进场要有交易计划，交易不要听人比画。

37. 亏损是投资的一部分，你要事先有心理准备，你要做一个懂输的赢家。

你拿钱来投资股票，就要做好亏钱的打算，因为股票市场中，有 90% 的人都要亏损，只有 10% 的人能赚到钱。如果你想成为那 10% 赚钱的人，就要坦然面对亏损，总结经验和教训，最终成为一个懂输的赢家。

38. 失败是宝贵的经验，而成功却往往伴有陷阱。

失败是成功之母。任何一个成功的股票投资人都有过失败的经验，而且是刻骨铭心的失败经历。而莫名其妙（自以为是）的成功往往会导致惨重的失败，对此你一定要保持清醒的认识。

39. 如果你没有把投资股票赚到的钱取出来，那些就不是钱，而是“纸”。

我们在前面讲过，在股市里，你可能赚到“纸”，赔掉钱。因此，你要及时把你赚到的“纸”转到储蓄账户，这样你就真正赚到了钱。

40. 你不要奢望：买在“底”，卖在“顶”。你要学会留点儿空间让别人赚，也留点儿空间让别人“套”。

股价的“顶”和“底”，只有事后才知道，事先没人知道。你不要预测，因为预测毫无意义。你要做的是在合理的价格买入，按照你制定的标准卖出。

41. 不要试图摊平已亏损的股票，因为那会让你越套越深，不能自拔。

如果你买入股票后，股价开始下跌，那么你可以选择止损；如果你不想止损，那么你也不要继续买入了，因为你不知道股价会跌到多深的程度，盲目补仓会让你的损失扩大。

42. 只有在一只股票赚钱时，才可以加码投资（加仓）。

如果你买入股票后，股价一路上涨，那么你可以逐步加仓。

43. 只有在股票赚钱时，你才能做波段投资，而赔钱时你要当机立"断"。

如果你的股票是赚钱的，而你对技术分析又很了解，你就可以适当地做波段投资；如果你的股票是赔钱的，那么你要做的就是立即止损。

44. 股市没有新鲜事，它只是不断地在重复过去。

股市里有句名言：年年岁岁股相似，岁岁年年人不同。

45. 休息也是一种投资。

如果你看不清楚市场，那么你最好先休息调整一下自己的状态；如果你刚做完一波大行情，那么你也最好休息一段时间。休息的目的是让自己远离股市，让自己有时间和精力梳理一下思路，便于清晰判断市场走势，以利再战。

46. 宁可错过，不可做错。

错过行情你不会赔钱，而做错了你就会亏钱。如果没有冷眼旁观的心态，你就不会成为股市里的赢家。

47. 投资股票要顺势而为，逆势操作很难赚钱。

投资股票一定要顺应市场，不要逆势操作。如果市场是涨势，那么你不要做空；如果市场是跌势，那么你千万不要做多。

48. 股市对少数人来说是提款机，对绝大多数人来说是绞肉机。

如果你摸索到了属于自己的操作方法，能稳定地从股市赚钱，那么股市就成了你的提款机；但对绝大多数人来讲，股市却是绞肉机，是长期赔钱的地方。

49. 不管你看过多少关于股票的书，初进股市都要交学费，而且学费很贵。

进股市的人都要交学费，学费比你上大学的费用贵多了。不过，交完学费你仍可能会一辈子都毕不了业。

50. 投资股票需要你有一个长期规划，因为这是个“进去容易，出来难”的地方。

从股市赚到钱的人，还想继续赚钱；在股市赔了钱的人，都想翻身回本；不赔不赚的人不甘心。因此，进入股市的人都不想出来。如果你想进入股市，就最好有投资一辈子股票的打算。

以上讲的都是我自己投资股票的经验和体会，仅供你参考。适合你的投资股票的方法都需要你自己在实战中摸索出来，因为没有人能真正教会你。你要记住：投资股票，只能靠你自己。

股票投资的“五个一”原则

1. 一定坚持独立思考

独立思考是投资股票的根本原则，投资靠的是脑子而不是耳朵，一定不能听信小道消息。在股市里有这样一句话，“如果你有 100 万，再加上几个小道消息，那么你就离破产不远了”。投资股票只能相信自己，千万不能相信“专家”，股票市场里根本没有专家（只有输家和赢家），更没有人能预测股票涨跌，能预测股票价格的只有三种人：天才、疯子和骗子。记住：只能相信自己的头脑。

2. 保持一个良好心态

在股票市场里，一个良好的心态和一根坚强的神经胜过聪明的大脑。心态决定投资成败。买了股票，大涨就狂喜，大跌就懊恼；卖了股票，大涨就后悔，大跌就“以股神自居”，这都是心态不好的表现。平和、平常和平淡的心态才是好心态。

3. 一定要用闲钱投资

用闲钱投资股票有利于家庭的财务安全，也有利于保持一个良好的心态。在任何情况下，你都不能动用家里的应急钱和保命钱买股票，更不能抵押房产、汽车买股票。这是一条铁的纪律，必须严格遵守。

4. 坚守一种投资方法

股票的投资方法可以说是“百人百样”“千人千种”。每个投资人都应该在实践中总结一套自己的方法，并不断地加以完善，最终形成一套适合自己的投资体系，千万不要人云亦云。

5. 一定不能损失本金

在股票市场里，投资人比的是谁“活”的时间长而不是谁一次赚得多，只有活下来的人才有未来。因此，投资人永远要把风险控制放在第一位，只有先保住本金，才能谈到赚钱。“证券分析之父”格雷厄姆先生说：“投资股票有两个原则，第一个原则是不要损失本金，第二个原则是不要忘记第一条。”我们应该时刻牢记大师的教诲。避免亏损的诀窍就是掌握好两个安全边际：第一，给你的资金一个安全边际；第二，给你的股票一个安全边际。所谓安全边际，就是回旋的余地。切记！切记！切记！

基金

这里我们所说的基金是指公募证券投资基金。

基金的概念和特征

基金是指一种利益共享、风险共担的集合证券投资方式，即通过发行基金单位，集中投资者的资金，由基金托管人托管，由基金管理人管理和运用资金，并从事股票、债券、货币等金融工具的投资，将投资收益按照投资者的投资比例进行分配的一种间接投资方式。基金有以下三个特征：

1. 基金体现了一种信托关系，基金投资人既是基金资产的委托人，又是基金资产的受益人。基金管理人和基金托管人共同作为基金资产的受托人，对投资人负有信托责任。

2. 基金是一种金融中介。由于它以其他金融工具为投资对象，比如股票和债券，因此，它是一种二次投资工具。

3. 基金具有收益共享、风险共担的特征。基金投资人按照出资比例享受收益并承担风险，基金管理人并不承担经营风险。

基金的分类

1. 按照基金是否可赎回划分

基金按照是否可赎回划分为开放式基金和封闭式基金。

（1）开放式基金

开放式基金是指基金份额总数随时增减，投资人可以按照基金单位净值向基金管理公司及其指定销售机构申购和赎回基金。开放式基金一般不在证券交易所上市交易。但是，LOF（上市型开放式基金）和ETF（交易所交易基金）在证券交易所挂牌交易。

（2）封闭式基金

封闭式基金是指基金规模和存续期在发行前已经确定，在发行完毕后的存续期内，基金的规模保持不变的基金。封闭式基金一般在证券交易所上市交易，投资人通过二级市场转让、买卖基金单位。

2. 按照基金的投资对象划分

基金按照投资对象划分为股票型基金、债券型基金、货币市场基金和混合型基金。

（1）股票型基金

股票型基金是以股票为主要投资对象的基金，一般情况下，其80%以上的资产是股票。

（2）债券型基金

债券型基金是以债券为主要投资对象，包括国债、金融债、公司债和资产支持证券（ABS），一般情况下，其80%以上的资产是债券。

（3）货币市场基金

货币市场基金是以短期国债、银行同业存单、买入返售金融资产等作为投资对象的基金。

（4）混合型基金

混合型基金是指投资于股票和债券，并且不符合股票型基金和债券型基金的分类标准的基金，比如有的混合型基金规定投资股票的比例在25%到75%之间。根据股票、债券投资比例以及投资策略的不同，混合型基金又分为平衡型基金和配置型基金等。

基金的四大特点

1. 专业运作

基金资产由专业的基金管理公司管理，基金管理公司雇佣的投资人员无论在投资经验上，还是信息渠道和时间上，都比普通的投资人具有优势。只要投资人付出极低的费用，就可以享受基金管理公司提供的专业理财服务。

2. 组合投资

普通投资人由于资金数量有限，一般只能投资于几种证券，而基金拥有巨额的资金，可以投资于更多种证券，使投资组合更加多样化，从而更有效地分散风险。

3. 随时买卖

基金是一种变现性良好、流动性强的投资工具，可以随时买卖，手续简便。封闭式基金在证券交易所挂牌，投资人可以像买卖股票一样买卖基金；开放式基金可以向基金管理公司申购和赎回，也可以通过银行和证券公司申购和赎回。

4. 门槛低

基金的投资“门槛”低，有1 000元就能买卖，适合中小投资人参与。如果是定期定额投资基金，门槛就更低了，有的只需要几百元。

基金投资

1. 货币市场基金

货币市场基金主要投资于短期国债、银行同业存单和买入返售金融资产的投资基金。货币市场基金有四个特点：

- 安全性好，基本没有亏损的风险。但它并不是毫无风险，如果遇到金融市场动荡，货币市场基金遭遇持续的大额赎回时，那么它是有可能让投资人的资产产生亏损的。
- 流动性好，随时可以变现。小额赎回，T+0 到账，大额赎回，一般 T+2 到账。
- 收益率通常高于活期存款利率，甚至高于短期定期存款利率。
- 投资成本低。货币市场基金免收认购、申购和赎回的费用，并且管理费和托管费都比较低。

由于具有以上特点，货币市场基金可以作为流动性管理工具，家中的“应急钱”可以部分用于投资货币市场基金。对于参与股票投资的投资人来说，可以在出售股票之后，将闲置的资金用于投资货币市场基金，等待投资机会。

2. 债券基金

债券基金的投资对象主要是利率债（国债、地方政府债、央行票据和政策性金融债）和信用债（金融债、公司债和资产支持证券）。债券基金属于收入型基金，主要具有以下三个特点：

- 预期收益适中。债券基金的收益包括票面利息收入、利息收入的再投资收入和买卖差价。
- 流动性好，可以随时变现。
- 安全性较高。因为无论是国债、金融债，还是公司债，不仅要按时支付利息，而且到期要偿还本金。债券基金要比股票基金波动小，具有较高的安全性。

但债券基金还是有一定风险的，比如利率变动风险（如果遇到政府加息，债券的价格就会下跌；遇到政府降息，债券的价格就会上涨）；比如信用债的违约风险，一只债券基金重仓持有某一只信用债，而该信用债违约，造成其价格的大幅下跌，且价格大幅下跌后，依然找不到接盘的对手。一旦这种情况发生，就会导致持有信用债的债券基金的净值急剧下跌，投资人就会遭受很大的损失。

投资债券基金虽然具有较高的安全性，但是债券基金并不能保本，仍有亏损的可能。只有在持有债券基金较长时间的情况下，投资人才能获得相对满意的收益，因为短期频繁进出债券基金，需要承担一定的申购和赎回费用，只会消耗掉你的投资收益。

3. 股票基金

这里我们所说的股票基金包括股票型基金、混合型基金和股票指数基金。它们的共同点是都持有股票资产，不同点是股票在基金资产中占有不同的比例。下面，我们着重说说指数基金。

指数基金是按照某种指数（比如沪深 300 指数、上证 50 指数）构成的标准建立投资组合，根据构成该指数的每一种股票在指数中所占的比例，购买相应比例的股票并进行投资的一种基金。指数基金的投资策略是紧紧跟踪某一代表性的指数，投资人购买一个基金单位，就等于按照权重购买这个指数的所有股票。只要这个指数能充分反映大盘的走势，投资人的盈亏就基本和大盘相同，因此股市里有一种说法：买指数基金就是买大盘。

下面我们来看看股票基金具有哪些特点：

- 波动大，风险性高。
- 流动性好。
- 预期收益较高。

投资基金的五点建议

1. 定期定额投资股票基金是一种很好的方法

基金管理公司在促销时通常建议投资人进行定期定额投资。所谓定期定额投资，是指在固定的时间投入固定的金额购买基金，比如每个月投入 1 000 元购买基金（这里的基金一般是指股票基金或混合基金）。这样做有一定的道理，投资人可以通过长期的定投来获得市场平均成本，一旦市场向上波动，超过平均成本时，投资人就能获利。

2. 投资股票指数基金是一种简单有效的方式

投资股票指数基金就等于投资大盘，简单有效。采用定期定额投资股票指数基金的方法适合绝大多数中小投资人。但是必须坚持中长期投资，我们的股市牛短熊长，刚好适合定投股票指数基金，在熊市中长期投资，在牛市中卖出获利。

3. 投资 FOF 简单有效

所谓 FOF，就是基金中的基金。也就是说，你投资了 FOF，FOF 再拿你的钱去投资几十只基金，这样就省去了你选择基金的烦恼（因为你很可能面对几千只基金无从下手）。如果你选择定投 FOF，那么我认为这也是一个不错的方法。

4. 尽量不要投资债券基金

投资债券基金，即使盈利也不会有太高的收益，但是你却面临亏损的可能。如果你投资的债券基金踩到了债券违约的地雷，那么你将可能面临大额的亏损。

5. 一定要坚持长期投资和波段操作相结合

投资股票基金要坚持长期投资，避免频繁买卖。但是，长期投资并不意味着不能买卖，投资人可以选择基金价格在市场中处于高位时卖出基金，基金价格在市场中回到低位时再买入基金。

银行理财产品

银行理财产品实质上就是银行面对社会公众发行的公募基金。银行理财产品包括以下几种；

1. 货币类理财产品

这种理财产品跟货币市场基金类似。

2. 债券类理财产品

这种理财产品与债券基金类似。

3. 非标类理财产品

所谓非标类理财产品，就是投资于非标准化债权（在银行间债券市场和证券交易所上市交易的债券属于标准化债权；而银行贷款、信用卡贷款和信托贷款等，它们都属于非标准化债权，简称“非标”）。银行通过发行理财产品募集资金，然后将资金投资于一个资产管理计划，资产管理计划再将资金通过贷款的方式发放给企业使用。企业到期偿还本金和利息，银行理财产品的投资人到期收回本金和收益。

4. 股票类理财产品

这种理财产品与股票基金和FOF类似。

5. 衍生类理财产品

这种理财产品投资于期权和期货等衍生金融工具，比如股票指数期货、大宗商品期货等。

6. 混合类理财产品

这种理财产品的投资组合包括债券、股票、基金和衍生金融工具。

银行理财产品就是银行自己发行的公募基金，是不保本的！你在购买时，一定要对产品的风险收益特征有一个正确的判断，要问清楚“底层资产”是什么？所谓底层资产，就是这些钱最终投资在什么标的上，是债券、非标还是股票。

P2P

所谓P2P，是指个人对个人、点对点的网络贷款。它是一种借助互联网，将小额资金聚集起来借贷给有资金需求的人的一种民间小额借贷模式，是一种基于互联网的金融服务方式。

比如，有一个人要拍摄一部网络电影，需要500万资金，他通过一个互联网金融平台（P2P 平台）发布借款的信息，借款期限一年，并承诺借款的利息是 15%；P2P 平台面向社会发布这个信息后，很多人觉得靠谱，就纷纷投资，有人投资 2 万，有人投资 5 万，最终凑够了 500 万。于是，这个人就去拍网络电影了。一年后，他要偿还 500 万的本金，加上 75 万的利息。如果他能足额偿还本息，投资人就能收回本金和利息，P2P 平台就可以收到信息服务费；如果一年之后，他不能足额偿还本金和利息，那么投资人的钱就可能收不回来或者部分收不回来了。

P2P 投资属于高风险高收益的债权投资，从专业的角度讲，我们把它称为“垃圾债”。对此，你要有清醒的认识，不要盲目被高收益所诱惑。如果你实在想投资，那就少投一点儿钱，千万不要冲动投资。

第五章 一生远离投资陷阱

投资是通往财富殿堂的必经之路，但对大多数人来说，投资之路并非坦途。人们在投资的过程中会遇到各种各样的陷阱，这些陷阱都是骗子们为了骗取投资人的钱财而精心设计的，投资人若是一不小心掉了进去，辛辛苦苦赚来的钱财就会不翼而飞。掉进陷阱会让投资人倾家荡产，家破人亡。为此，我们非常有必要对“投资陷阱”这一问题进行深入的剖析，使人们有一个清楚的认识，引起人们的警惕，让人们一生远离“投资陷阱”。下面，我们先从几个真实的典型案例说起。

不同类型的投资陷阱

原始股陷阱

炒过股的人都知道，在中国股市上，“原始股”一向是发财的代名词。它的价格便宜，远远低于股市上流通的股票，一旦上市，股价一下子翻几倍、十几倍，甚至翻几十倍都不是神话。于是，现在市面上也冒出了各种各样的“原始股”，都号称是投资人的印钞机，只要买下这些股票，投资人就能坐享其成，一夜暴富。可奇迹真能发生吗？下面，我们来看两个真实的故事。

- 家住安徽滁州的闵先生是一位伤残退伍军人。2002 年，他从当地粮食局下岗之后，就一直赋闲在家。在 2006 年 6 月，闵先生把家里的钱全部购买了陕西金圆汽车的股票。他之所以花那么多钱购买金圆汽车的股票，是因为听信了中介的介绍。中介称金圆汽车正打算在美国上市。金圆汽车在网上发布的承诺书上赫然写着：“如果因公司工作失误，致使公司挂牌上市时间推迟，每推迟一个月，公司就向每位股东赔偿 2.25% 的损失费。”让闵先生更加深信不疑的是，在西安技术产权交易中心的网站上，他查到有关金圆汽车在那里挂牌的信息，号称“西部唯一的、最大的汽车后时代产业的龙头”。于是，闵先生对金圆汽车海外上市的计划彻底相信了，他分两次购买金圆汽车的股票，共买了两万股，这意味着他几乎把所有的积蓄都投到了金圆汽车的股票上，他希望金圆汽车上市后，能够有更多的钱来给孩子看病。但是，他万万没有想到，他等来的是一个让他震惊的消息：金圆汽车违法发行股票，正在接受司法机关调查！闵先生的投资可能血本无归。（摘自 2007 年 6 月 4 日《中国电视报》）

- 北京的何先生是一位退休职工。2006 年 6 月，他通过中介了解到一家公司在销售原始股。为此，何先生还专门上网查询，获取到了公司上市名称、美国上市价格和一年后预计价格等信息。其中，美国上市价格是每股 16 至 20 美元，一年后预计价格为 30 至 60 美元。而当时给何先生报出的价格是每股 5.2 元人民币。公司还特别承诺，如果公司上市失败或停止上市，一年内不能挂牌，那么公司将回购全部股权。这下可给何先生吃了定心丸。于是，他拿出 10 万余元积蓄购买了 2 万股股票。然而直到今天，公司也没有上市。（摘自 2007 年 7 月 26 日《北京晚报》）

黑基金陷阱

2006 年被称作“基金年”，很多的“基民”赚钱赚得比股民还要开心，因此人们对基金这种投资方式充满了热情。伴随着基金投资热，非法的“黑基金”也出现了。我们来看看张女士的故事。

张女士是大连市一名退休工人，她和女儿、女婿一家人本来一直过着幸福、安定的生活。2006 年 12 月 14 日，这种幸福安定的生活被一只名为“美国金手指”的基金完全打破了。因为购买这只基金，在短短四五天的时间内，张女士的 10 万元积蓄血本无归。从这天起，张女士变得心情苦闷甚至茶饭不思，原本感情很好的女儿和女婿之间的关系也一天天恶化，两人天天吵架，最后只能以分手告终。张女士原本以为可以大赚一笔，但为何基金投资使她血本无归、家庭破碎？

事情发生在 2006 年 11 月 28 日，张女士偶然碰到一个熟人。这个熟人跟她说："大姐啊，现在网上有个基金相当不错，你要是投资8 000元，每天给你返还400元，相当于你可以得到300%的利润。"这是一笔多么可观的收益啊，比存银行划算多了。刚开始的时候，张女士还有一点儿怀疑，心想天下哪有这么好的事儿？为了进一步了解此事，张女士第二天跟随那个熟人来到了一个教授家，当时房间里已经有很多人，他们都拿着成捆的钱，有些是收益，也有些是追加投入的资金。这只基金以美元为计算单位，投资100美元可以得到200%的总收益；投资1 000美元可以得到250%的总收益；投资2 000美元可以得到300%的总收益；投资3 000美元可以得到400%的总收益。张女士终于心动了，当即到银行取了8 000元，购买了基金，12小时后，张女士就收到了400元的投资收益。她想自己这次可算是遇见好的投资项目了。于是，张女士在2006年12月9日又追加了2.4万元投资，她的女儿在她的建议下，背着丈夫也投入了7万多元。就在母女二人为遇到如此高收益的投资项目兴奋不已的时候，2006年12月14日，"美国金手指"基金的网页突然打不开了。张女士如梦初醒，立即意识到自己被人骗了，她和女儿投入的10多万元一夜之间血本无归。

庞氏骗局陷阱

2018年4月9日，"善林金融"实际控制人周某向上海警方自首，随后被上海警方批捕。经调查，警方证实"善林金融"采用传统的门店推销与互联网营销相结合的交易模式，通过推出各种不同期限、不同收益率的理财产品，非法吸收公众存款共计600亿元。这笔钱被周某等人任意挥霍，致使产生巨大的资金缺口而无法兑付投资人本息。我们来看看“善林金融”的套路。

借新还旧，支付高息

经警方调查发现，“善林金融”对外宣称的投资项目并无盈利能力，而是通过借新还旧的方式偿还前期投资人的本息。他们在线下推出年化收益率 5.4% 至 15% 不等的“债权转让”理财产品，利诱投资人；他们还在互联网上开设“善林财富”等线上理财平台，推出数款年化收益率 10% 以上的理财产品，并对老客户带新客户予以高额奖励，以此利诱投资人。大量投资人被“无风险高回报”的承诺所诱惑，纷纷将手中的资金投入“善林金融”。

花费巨资，打造“大而不倒”的形象

警方通报称，为了使“善林金融”看起来实力雄厚，公司不惜花费巨额资金做足包装宣传，打造“大而不倒”的公司形象，从而骗取了投资人的信任。公司办公楼装修豪华，光是装修一个前台就花费了 200 多万元。“善林金融”更是参与赞助多项国家级体育竞赛，并在各大卫视频道甚至纽约时代广场、伦敦希思罗机场投放广告。这样做的目的无非是让投资人对公司的实力深信不疑，引诱更多的投资人入瓮。众多投资人被“善林金融的雄厚实力”所迷惑，争先恐后地将资金投入该项目。

由于“善林金融”长期靠着拆东墙补西墙经营业务，因此，随着时间的推移，它的资金缺口越来越大，最终导致崩盘。“善林金融”

的崩盘，让数万名投资人损失惨重，甚至血本无归。

“区块链 + 普洱茶”陷阱

2018 年 5 月 14 日，深圳市南山区警方召开了新闻发布会，通报了一起以发行虚拟货币为名、行诈骗之实的集资诈骗案。涉案虚拟货币为“普银币”，由深圳普银区块链集团有限公司通过其官网和其收购的“趣钱网”P2P 平台发行。据警方通报，“普银币”受害者已超 3 000 人，涉案金额 3.07 亿元，个人最高损失为 300 万元。警方于 2018 年 3 月 28 日，成功抓获犯罪嫌疑人 6 名，查封茶叶约 10 万饼。警方仍在继续追捕其他犯罪嫌疑人，追缴赃款。

“普银币”是什么来头呢？据其官网介绍，“普银币”是经由第三方仓储、鉴定、评估、确权的优质藏茶资产，经由加密数字化发行的本位制数字货币，其原发本位资产为 100 亿元藏茶。也就是说，“普银币”自称不同于比特币，并非纯虚拟数字货币，由实物资产绑定。据称，1 枚“普银币”对应价值 1 元人民币的藏茶，其发行数量、原始发行价格、市场流通价格由对等的茶叶资产价值决定。我们来看一下“普银币”的运作套路：

1.“披上马甲”。将虚拟数字货币包装上新鲜元素，披上“区块链”的马甲。

2016 年，深圳普银区块链集团有限公司通过“趣钱网”P2P 平台对外发行了“普银币”，号称全球首个本位制数字货币，每一枚“普银币”都有对等的实物藏茶作为抵押，并夸口其背靠 100 亿藏茶（警方查获后发现，仓库里只有少量藏茶，远远达不到 100 亿），投资人可将“普银币”放到指定网络交易平台上买卖，以此赚取差价。

2.“粉墨登场”。前期疯狂宣传，吸引大量热钱进盘。

该公司在互联网、社交平台、投资论坛上大肆宣传，在高档酒店进行路演，并承诺投资人可短期获得高额回报；公司还宣称已开始筹备上市，未来“普银币”还要在韩国、新加坡和日本陆续上线。大批投资者被这种渲染所迷惑，蜂拥入市。

3.“引君入瓮”。前期提升币价，让投资人尝些甜头。

骗子们利用投资人的投资款操纵价格，一度将“普银币”的价格从 0.5 元提升至 10 元。该公司还承诺将投资人持有的“普银币”两次拆分（一拆十），使投资人持有的“普银币”的价值扩大 100 倍，让投资人的资金翻百倍千倍。

4.“收割韭菜”。操纵“普银币”的价格，不断套现，导致投资人手中的“普银币”毫无价值，损失惨重。

在“普银币”的百度贴吧，投资人互相交流经验，“为什么今天猛涨，明天又狂跌？”为此，投资人着实操碎了心。直到 2017 年 12 月，贴吧里讨论的热点开始变为“普银币能不能找得回来”。投资人开始恐慌，他们找到该公司的办公室，公司已经基本停业。面对大量的金钱被套住，惊慌失措的投资人终于意识到自己陷入了骗局，赶紧向深圳市南山区警方报案。

● 投资陷阱的特点

面对各种各样的投资陷阱，我总结了两句话：年年岁岁骗相似，岁岁年年人不同；年年岁岁诈相似，岁岁年年事不同。其实，虽然各种投资陷阱表面看来各有“特色”，但不外乎就那么几招，换汤不换药。我们来看看骗子们惯用的手段。

告诉你能“一夜暴富”

“一夜暴富”是某些人心中所想、梦中所求，骗子们正是迎合了这些人的心理，制造各种诱人的“投资”项目，并配以鲜活的案例，从而达到请君入瓮的目的。绝大多数的投资陷阱都具有这一特点。前面讲的原始股陷阱就是一个典型的例子。

告诉你“无风险高收益”

“无风险高收益”这句话听起来很可笑，但它却迎合了很多人迅速发财致富的心理。我在讲课时，就遇到听众问这样的问题：有没有既没有风险，收益又高的项目？我的回答是没有。

骗子们顺应这些投资人的需求，伪造出所谓“零风险高收益”的投资项目出售给投资人。为了增加这些项目的可信度，骗子们有时会在项目中引入第三方“担保”，从而让投资人彻底放心，而担保人表面上是某担保公司，实际上就是他们自己。

迅速给你“甜头”

骗子们利用人们幻想赚“快钱”的心理，在非常短的时间里让投资人获得“收益”，从而消除投资人的疑虑，增强投资人的信心，诱使投资人敢于“大举投资”。比如，我们前面讲到的黑基金陷阱、“区块链＋普洱茶”陷阱都是如此。

虚构“有实力”的形象

骗子们大都对自己进行了过度包装。骗子公司经常以“大公司”“集团公司”的面目出现，号称自己的注册资本为数千万或上亿元，业务涉及多种产业。他们还租用高档写字楼，开着高档汽车，其目的是骗取投资人的信任。更有甚者，还动用巨资在公共媒体做广告，以此来获得投资人的信任。“善林金融”和大家都知道的“e 租宝”都是典型的例子。

● 为什么受骗的人是你

设计陷阱的骗子们固然可恨，但是他们并没有从你的口袋里抢钱，而是设计了圈套，让你心甘情愿把钱从口袋里掏出来给他们。他们只是利用了你自身的弱点，让你自己主动跳进陷阱罢了。下面我们来看看你有哪些弱点。

贪婪

不少人幻想天上会掉馅饼，梦想一夜暴富。他们幻想快速致富，一口气吃成个胖子。他们幻想一个月走完别人走了 10 年的路，通过一次投资就完成“原始积累”，成为富人。他们被贪欲蒙住了双眼，被返利蒙住了心。其实，但凡你能冷静地想一想：如果有这么好的投资项目，那么人家怎么会找到你呢？你就不会上当了。

无知

投资是需要知识和经验的。有些人既无投资知识，又无投资经验，还自以为是，被骗也就不足为奇了。如果你有基本的投资常识，你就会意识到：如果他们一年给你 20% 的回报，他们就至少要赚 40% 才能做到，什么项目一年能赚 40% 的利润呢？只有贩毒可以！

从众

有些人看到别人投资一个项目，自己也跟着去投资，他们认为那么多人参与的投资项目肯定没问题。

心存侥幸

很多人认为痛苦与灾难离自己很远，即使灾难已经开始降临了，也仍然认为自己可以幸免。

好了伤疤忘了疼

人们往往容易记住幸福的事情，对痛苦遗忘得却很快。比如有的股民曾经吃过电视“黑嘴”的亏，现在又被网络“黑嘴”骗了。

• 如何远离投资陷阱

你要坚信：天上不会掉馅饼。一个人要想致富，只有两条路，一是勤劳，二是智慧！没有第三条路。

你要牢记：任何人向你承诺，在保证本金安全的前提下，你仍有

6% 以上的收益率，都是诈骗！

你要知道：如果一个投资项目听起来过于完美，那么它一定不是真的。

最后，真诚希望大家能够提高警惕，远离投资陷阱，别让自己辛辛苦苦挣来的钱一夜之间化为乌有。

第六章

一生别让财富裸体

李先生和妻子在2008年贷款100万元购买了一套房产，夫妇二人用工资收入共同归还贷款。由于妻子收入较低，还贷的责任实际上是由李先生承担。然而，李先生在2009年出了一场车祸，不幸去世。李先生的去世，给妻子留下了近百万的债务。由于当初购房时，李先生夫妇没有购买房贷险，而李先生的妻子收入很低，无力偿还每月的房贷款，最后只能将房产出售，自己搬回父母家居住。如果李先生夫妇在购房时购买了房贷险，保险公司就会代为偿还剩余的贷款，李先生的妻子就不用出售房产了。李先生夫妇的故事并不是特例，类似的故事在生活中比比皆是。

2009年，我有个朋友去印度旅游，在旅途中不幸患了急性阑尾炎，造成阑尾穿孔，而当地医疗条件差，不能实施手术。幸运的是，朋友出行前在香港购买了一份外国保险公司出售的旅游保险，保险公司在得到出险的信息后，立即派专机将朋友送到新德里实施了手术，并在手术后将他送到香港养病。如果朋友没有买这份旅游保险，可能就会有生命危险了。我们从这两个故事中，可以充分地看出保险在生活中的重要性。

保险是个人和家庭理财中不可或缺的组成部分。我曾经讲过一句关于保险的名言：一个人没有保险，就是财富裸体。我将在这章中对各种商业保险进行简要的阐述，告诉你如何购买保险产品。

● 保险的概念和作用

保险是指投保人根据合同约定，向保险人支付保险费，保险人对于合同约定的可能发生的事故因其发生所造成的财产损失承担赔偿保险金责任，或者被保险人死亡、伤残、疾病或者达到合同约定的年龄、期限等条件时承担给付保险金责任的商业保险行为。

保险在家庭理财中具有十分重要的作用。

转移家庭财务风险

在现实生活中，每个人都会面临各种风险。

车祸：如果你把别人的车撞了，就需要支付赔款；如果你撞伤了人，就还要支付高额的医疗费用。

火灾：意外的火灾使家里的家具、电器、装修损失殆尽。

疾病：如果你不幸得了癌症，就要面临高额的医疗费用，而这些费用远远超过社保报销的范围。

伤残：如果你因为意外事故造成终身残疾，从此不能再为家庭做出经济贡献了，而你的家人还需要偿还高额的房贷。

死亡：如果你因为意外伤害或疾病死亡，那么父母从此将无人赡养，配偶和孩子也将陷入经济困境。

我上面列举的风险只是你所面临的经济风险的一部分，远远不是全部的风险。可以肯定的是，这些风险是每个人都会遇到的，且这些风险事故一旦发生，都会对家庭造成不同程度的财务影响，甚至是灾难性的影响。当家庭发生某种风险事故时，一定需要外来的经济补偿，帮助家庭渡过财务难关，而最好的经济补偿的来源就是保险赔偿金。如果你事先购买了足够的保险，你就能获得保险公司的保险赔偿，这笔保险赔偿金就能帮你渡过财务难关，保证你家庭生活的稳定。因此，我们说购买保险是转移家庭财务风险的最好的方式。

强制储蓄

从人的一生来看，收支往往是不平衡的。尤其是人到老年，没有了工作收入，主要靠年轻时积累的养老金生活，而养老保险是一种很好的储备养老金的方式。虽然通过个人储蓄也能储备养老金，但个人储蓄带有很大的随意性和目标的不确定性，人们往往缺乏足够的毅力来完成自己的储蓄计划。而且，由于储蓄的退出成本低（随时可以支取，并且可以保本），储蓄资金很容易被挪用。而人寿保险的“强制性”则弥补了这方面的缺陷。人寿保险的“强制性”主要体现在退出成本高（投保后的退保成本高昂），高昂的退出成本使你“不得不”继续缴纳保险费，其结果是你通过持续缴纳保险费为自己的晚年生活积累了一笔丰厚的养老金。

合理规避债务

根据我国《继承法》第三十三条规定：继承遗产应当清偿被继承人依法应当缴纳的税款和债务，缴纳税款和清偿债务以他的遗产实际价值为限。超过遗产实际价值部分，继承人自愿偿还的不在此限。继承人放弃继承的，对被继承人依法应当缴纳的税款和债务可以不负偿还责任。

要注意：根据我国《保险法》的规定，在被保险人（被继承人）死亡后，其人身保险合同指定的受益人（继承人）依然生存且没有依法丧失受益权，则受益人（继承人）获得的保险金不作为被保险人（被继承人）的遗产。既然保险金不作为被继承人的遗产，就谈不到偿还债务的问题了。由此我们可以看到，保险具有规避遗产债务的作用。

提供长期投资渠道

理财型保险为人们提供了跨越生命周期的长期投资渠道。

实现财产的传承

你可以通过指定受益人的人寿保险单的方式将你的部分财产顺利实现传承，实现你生前的财产分配意愿，减少你身故后财产继承人之间的财产纠纷。

实现资产保全

理财型保险和终身寿险都可以实现资产保全功能。

● 保险的种类和现金价值

保险的种类

从理财实践的角度出发，我把保险产品分为三类：保障型保险产品、储蓄型保险产品和投资型保险产品。

保障型保险产品

保障型保险产品包括：定期寿险，意外伤害保险，医疗保险，重大疾病保险，家庭财产保险和机动车辆保险。

储蓄型保险产品

储蓄型保险产品包括：终身寿险，年金保险，生死两全保险和理财型保险。

投资型保险产品

投资型保险产品包括投资连结保险。

保险单的现金价值

保险单的现金价值是一个非常重要的概念，你会看到它出现在很多保险合同中，因此，我认为非常有必要在此对它的含义做出解释，从而加深你的印象和理解。

保险单的现金价值是指带有储蓄性质的人身保险单所具有的价值。由于人身保险单的缴费期限很长，保险公司在实际操作中往往采用均衡保险费的方法，将投保人在合同期限内需要缴纳的全部保险费在整个缴费期限内均摊，使投保人每期缴纳的保险费均相同。

当被保险人年轻时，其死亡概率低，投保人缴纳的保险费比实际需要的多，多缴纳的保险费由保险人逐年积累；当被保险人年老时，其死亡概率高，投保人缴纳的保险费比实际需要的少，不足的部分将由被保险人年轻时多缴纳的保险费予以弥补。投保人在被保险人年轻时多缴纳的保险费连同其产生的利息，每年累计起来，就是保险单的现金价值。

对于投保人和被保险人来说，保险单的现金价值具有以下三种功能：

- 退保。退保金按照保险单的现金价值领取。
- 保单贷款。一般具有贷款功能的保险单，贷款的额度是以保险单的现金价值为基础的。
- 分红。在分红保险合同中，投保人享有的分红是以保险单的现金价值为基础的。

下面是保险单现金价值的简化计算公式：

保险单的现金价值＝投保人已缴纳的保险费－保险人的管理费用分摊－保险人向销售人员支付的佣金－保险人因承担保险责任所需要的纯风险保险费＋剩余保险费产生的利息

走出购买保险的误区

保险是家庭理财中必不可少的理财工具，但是社会上对购买保险产品存在很多的误区，要引起我们的关注。

保险就是忽悠

我们不否认少数保险营销人员在推销保险产品时存在夸大产品功能和收益率的现象，误导了部分投保人。但是，保险产品绝对不是骗人的东西，而且保险公司也在不断提高从业人员的素质，忽悠的现象在逐渐减少。你绝不能因此而否认保险产品存在的价值。

保险是传销

有人说："保险是传销。"我觉得这是对保险的恶意诽谤。首先，传销是非法的行为，而保险销售是合法的行为；其次，传销的产品都是子虚乌有的产品，而保险销售的产品是经过国家保险监管部门核准的、能为客户带来价值的金融产品。因此，"保险是传销"的说法是完全错误的。

买保险不吉利

你要买保险，就离不开死亡、残疾、疾病、车祸等代表某种灾难的字眼，而这些字眼是你不愿意看到的。但天有不测风云，人有旦夕祸福，你能保证这些灾难不发生在你身上吗？买保险就是来应对这些灾难的。从某种意义上说，买保险就是买平安。

买储蓄型保险不如买股票和基金

储蓄型保险的回报率确定是不高的，但是“确定”，我说的是“确定”，而股票和基金的回报率是不确定的。

买保险只注重子女

很多家庭为子女买保险，而忽略了为家长买保险。其实，家长才是最需要买保险的，因为家长是家庭的经济支柱，一旦他们因疾病、意外伤害等原因丧失工作能力，减少或失去收入的时候，家庭就会陷入财务困境。因此，家长（经济支柱）才是投保的重点对象。

有社保就不需要商业保险

我们国家的社会养老保险保障的程度比较低，你退休后从社保领取的养老金可能仅仅够你日常生活的基本需要，而有了商业保险，你就可以从保险公司领取更多的养老金，足够保障你退休后获得高品质的生活。如果你不幸罹患重大疾病，比如癌症，那么社会医疗保险给你报销的部分很可能不能覆盖你的医疗成本，而你患病期间的护理费用、营养费用、损失的工作收入等，社保是无法为你承担费用的。而你投保的商业疾病保险和医疗保险就能给你很多资金补偿了，能够让你安心治疗和休养。

没闲钱买保险

一个人必须买保险，就如同一个人必须穿衣服一样，保险就是你财富的衣服。如果你的家庭经济条件并不好，那么你抗风险的能力就较差，你就更要注重保障，否则一次意外事故，就会让你倾家荡产，负债累累。事实上，你在餐厅少吃一顿，少买一件衣服，就可以用省下来的钱给自己买一份保障了。

香港的保险比内地的保险好

有些人盲目相信香港保险，跟风购买，他们只是看到香港保险的部分险种的保费便宜、保障范围广的优点，但是其背后的风险却被忽略了。购买香港保险最大的风险其实是法律风险，因为香港保险并不受内地法律保护，一旦出现纠纷，就要诉诸法律。投保人需要通过香港法院打官司，且不得不遵照香港法律以及聘请香港律师，诉讼成本极高，再加上要付出巨大的精力和体力，非常不划算；其次，香港保单在投保前几年的现金价值极低，如果投保人退保，就会颗粒无收，损失惨重；最后，香港保险的保单演示利率和实际收益率相差悬殊，你根本不会获得香港保险代理人描述的高收益，就是空欢喜一场。综上所述，我个人认为对于绝大多数人来说，没有任何必要购买香港保险。

• 明确自己购买保险的目的

你买保险一定是有目的的，不可能是为了买保险而买保险。所以，你买保险之前，一定要明确你的目的。下面我就列举几个买保险的目的供你参考，看看你是否有类似的目的。

防止因自己意外死亡给家庭生活造成重大影响

如果你有上述目的，那么大额的意外伤害保险和附加意外医疗保险就很适合你。意外伤害保险是杠杆率最高的保险，也就是说你花小钱能买到高保障。100 万保额的意外伤害保险只需要每年缴纳 1 000 多元的保费（非特殊职业）。你每年花 5 000 元左右，就能买到 300 万至 400 万保额的意外伤害保障。如果你因意外伤害事故死亡，你就能为家人留下 300 至 400 万的保险金，让你的家人在你死亡后能继续过上平稳的生活。意外医疗保险可以让你在受到意外伤害后获得更好的医疗保障。

防止自己死亡后给家人留下高额债务，使家人陷入财务困境

如果你有 200 万元的房贷和 100 万元的其他债务，那么你可以给自己买保额 400 万元（留出余地）的定期寿险。定期寿险是人寿保险中最便宜的保险，无论你在投保期间因意外伤害死亡或因疾病死亡，你的家人都可以得到 400 万元的保险金，他们可以用得到的保险金偿清债务，从而避免陷入财务困境。当然，如果你有足够的财力，那么你也可以给自己买保额更高的定期寿险，让家人在自己死亡后能生活

得更宽裕。虽然定期寿险是人寿保险中最便宜的保险，但却比意外伤害保险贵很多，因为意外伤害保险不包括因疾病死亡的保险金给付。对此，你需要考虑清楚。

防止自己因患重大疾病而给家庭带来资金困难

重大疾病都是要花大钱的疾病，而重大疾病保险赔付的保险金不仅可以弥补疾病花费，而且多出的保险金可以补充一部分生活费用，使投保人在患病期间不仅能获得更好的医疗条件和护理条件，而且不用担心家庭生活水平因此而下降过快。此外，保险公司推出的医疗保险，保费便宜、保障高，也是个不错的选择。

为自己储备养老金

如果你想为自己储备养老金，那么你可以为自己购买养老险。养老险不仅具有强制储蓄的功能，而且具有生存保障的功能。所谓生存保障，就是你活多久，就能领多久的养老金。

为子女储备教育金

为子女储备教育金，也可以购买理财型保险。

顺利传承遗产

如果你购买保险的目的是为了遗产传承，那么终身寿险就非常适合你，它可以顺利地实现你的生前意愿，把这部分遗产转移到你指定的受益人手中。理财型保险也具有传承遗产的功能。

保全手中沉淀的资金

如果你手中有一大笔资金，且在未来很长时间内没有明确的使用方向，同时你担心自己因盲目投资而造成资金损失，那么你就可以采用趸交的方式为自己买一份大额的理财型保险，使这笔资金得以“保全”。如果碰到朋友来借钱，那么你可以冠冕堂皇地婉拒，因为退保有损失。

让自己开车无忧

为了让自己开车无忧，你应该为你的座驾购买全险，而且第三者责任险的保额最好买到50万到100万，即使出了交通事故，也基本不用自己花钱，这样你就能安心开车了。

让家庭财产安全

为了让自己住得安心，你最好购买家庭财产保险，这样即使发生了火灾、盗窃、水管爆裂等事故，保险公司也会给你补偿的。

以上我只是列举了几种购买保险的目的，仅供参考。当你明确了购买保险的目的后，就可以根据自己的需求和预算来选择保险产品了。

• 购买保险的基本原则

我认为，购买保险应遵循以下原则：

- 选择保险公司。
- 选择产品。
- 选择保险代理人。

选择保险公司

我们经常听到保险代理人说："人寿保险公司是不会倒闭的，因此，选择哪家保险公司都一样。"这种说法是不对的。我国《保险法》第八十九条规定：经营有人寿保险业务的保险公司，除因分立、合并或者被依法撤销外，不得解散。

《保险法》第九十二条规定：经营有人寿保险业务的保险公司被依法撤销或者被依法宣告破产的，其持有的人寿保险合同及责任准备金，必须转让给其他经营有人寿保险业务的保险公司；不能同其他保险公司达成转让协议的，由国务院保险监督管理机构指定经营有人寿保险业务的保险公司接受转让。转让或者由国务院保险监督管理机构指定接受转让前款规定的人寿保险合同及责任准备金的，应当维护被保险人、受益人的合法权益。

我们从以上规定可以看出：第一，人寿保险公司是可以破产的；第二，虽然人寿保险公司破产后的保险合同及责任准备金会被其他人寿保险公司接受，但是并没有规定被保险人和受益人的权益一定不受到损失（维护合法权益不代表不受到损失）。我认为，在人寿保险公司破产后，保单被其他公司接受，被保险人或者受益人的权益受到损失是大概率事件，比如保额减少、分红减少等。

在遵循现有的法律规定的前提下，我认为投保人在选择保险公司时，应该尽可能选择大型保险公司和具有强大股东背景的中型保险公司，尽量回避小型保险公司，因为小型保险公司倒闭的可能性远高于大、中型保险公司。选择大型保险公司会给你带来心理安全感，让你觉得踏实。国内的大、中型人寿保险公司主要有：

- 中国人寿保险股份有限公司
- 中国平安人寿保险股份有限公司
- 中国太平洋人寿保险股份有限公司
- 中国人民人寿保险股份有限公司
- 泰康人寿保险股份有限公司
- 新华人寿保险股份有限公司
- 中国太平人寿保险有限责任公司
- 华夏人寿保险股份有限公司
- 富德生命人寿保险股份有限公司
- 阳光人寿保险股份有限公司

此外，外资保险公司中，友邦人寿、中信保诚人寿、中美联泰大都会人寿、中英人寿、中宏人寿也都是不错的人寿保险公司。

大型商业银行控股的人寿保险公司由于有强大的股东背景，也会有较好的发展前景，比如工商银行控股的工银安盛人寿保险有限公司、建设银行控股的建信人寿保险有限公司、农业银行控股的农银人寿保险股份有限公司、交通银行控股的交银康联人寿保险有限公司、招商银行旗下的招商信诺人寿保险有限公司、北京银行旗下的中荷人寿保险有限公司等。

我上面提到的保险公司只是给你一个参考，让你缩小选择的范围，并不代表其他保险公司的产品就不能买，对此你有最终的选择权。

选择产品

各大保险公司提供的产品种类都是很全面的，没有很大的差别。但是具体到某一种产品，就可能存在差异了，比如同样类型的产品，保障范围不同；同样的保障范围，价格有可能不同，有的便宜些，有的就贵些。这就需要你货比三家了。大公司的产品通常会贵一些，因为大公司有品牌优势、服务网络优势等；而中小公司为了抢占市场，同类产品的价格通常会比大公司便宜。如果你要图心里踏实，你就买大公司的产品；如果你只在意产品的性价比，那么你也可以买中小公司的产品。这完全看你自己的选择。

选择保险代理人

投保人主要通过保险代理人来购买保险产品。保险代理人代理保险公司招揽业务，他们的佣金由保险公司支付，因此投保人不必担心因获得保险代理人的服务而给自己增加额外的费用。投保人首先要正确认识保险代理人的作用，其次是选择合适的保险代理人。

保险代理人的作用

1. 对投保人进行死亡教育，让投保人正确面对死亡问题。

2. 说服投保人直面与死亡有关的财务问题。

3. 帮助投保人识别和评估风险，启发保险需求。

4. 根据投保人的财务状况和理财目标制订保险计划。

5. 说服投保人购买相应的保险产品。

6. 与投保人保持长期联系，提供售后服务，包括协调缴纳保险费和理赔。

选择保险代理人的几个原则

1. 合法的代理资格

保险代理人要持有保监会颁发的保险代理人资格证书。

2. 对保险知识的深刻理解

保险代理人应该具有为你通俗易懂地讲解复杂的保险知识的能力，并能根据你的保险需求为你设计合理的保险规划。如果保险代理人自己都讲不清楚产品特点，你就别找他买保险了。

3. 诚信

投保人对保险产品的理解大都没有保险代理人深刻，如果保险代理人不能如实告知相关信息，投保人的利益就很难得到保障。在购买保险产品的过程中，要特别注意保险代理人对免责条款和理赔规定的解释，来判断保险代理人的诚信。

4. 口碑

如果保险代理人有良好的口碑，就可以让你增强对他的信任感。

5. 敬业精神

有敬业精神的保险代理人会为你提供长期的、周到的服务，比如定期回访、帮你做保单年检、推荐新的保险产品、协助理赔等。

● 购买保险可能遇到的问题及对策

投保

投保是购买保险的第一步，填写投保单时要注意以下问题：

1. 要如实填写。如果填写投保单时，你故意隐瞒有关事实，比如健康状况、过往病史、家族病史、生活习惯、工作性质等，那么你未来可能面临保险公司的拒赔。

2. 受益人要明确，不要写“法定”。如果你填写的受益人是“法定”，那么保险事故发生后，“法定”的受益人要提供一系列的证明材料才能获得保险公司支付的保险金，手续烦琐。如果你指定两个（含两个）以上的受益人，那么你应该写明受益顺序和各自的受益份额，这样可以避免今后出现纠纷。

3. 保险金额的选择要根据自己的需求和财力。不要不顾自己的经济承受能力而选择不切合实际的“高保额”。保险代理人当然希望你选择更高的保额，高保额意味着高保费，保险代理人的佣金也会水涨船高。但是，你的支付能力只有你自己最清楚，保险代理人是不清楚的，不要为了面子而盲目选择高保额。

4. 保费的支付方式也要慎重考虑。人寿保险的保费缴纳是一个长期的过程，这就意味着你要对自己的保费支付能力有一个长期的考虑，要留有余地，避免未来收入下降而使自己陷入无力支付保费的困境。

5. 如果你投保的是高额的重大疾病保险，那么你还需要在保险公司认可的医院做体检，并体检合格。

6. 如果你投保的是高额的、以死亡作为给付保险金条件的人身保险，那么你还要符合保险公司的要求，通过保险公司的有关调查，包括调查你的收入、财产、生存状况等。

首期保费的缴纳

你要知道一点，在你填写完投保单的当天或者第二天，保险公司就会从你的银行账户中将首期保费划走，而此时你的保险合同可能还未生效。对此，你不必大惊小怪，保险公司大都是这么做的。如果在划账后，你的投保单核保未获得通过，保险公司就会把划走的保费退还给你。

保险代理人的佣金

保险代理人的佣金是保险公司支付给保险代理人的费用，无须你额外支付。当然，保险代理人的佣金是从你缴纳的保费中提取的，通常情况下，保险代理人会从你前三年或前五年缴纳的保费中提取佣金，第一年最多，以后逐年减少。对此，你不要觉得心理不平衡，因为这是保险代理人的劳动所得，是保险代理人的合法收入。有些人在购买保险后会要求保险代理人返还佣金，我认为这是完全错误的做法。保险代理人没有工资收入，他们的全部收入就是佣金收入。如果保险代理人将佣金返还给你，那么他们就没有了经济来源，你想一想，一个失去经济来源的保险代理人如何能为你提供优质的服务呢？你换位思考一下，如果你在一家公司工作了一个月，发了工资后，老板要求你返还工资，那么你同意吗？

犹豫期

你收到保险单后，会签署一张确认函，确认你收到的保险合同没有问题。在你签署确认函后的十日内是犹豫期，如果你在犹豫期内退保，那么保险公司会全额退还你缴纳的首期保险费，你不会有任何损失。

退保

如果你在犹豫期后退保，你就肯定会遭受损失了，而且损失的程度很可能超出你的想象。如果你购买的是长期缴费的分红保险，且你在第一年退保，那么你可能只能拿回当时的现金价值，大概是保费的30% 左右（如果是万能险，那么保险公司也会扣除 60% 左右的初始费用）；如果你在前三年退保，你就会损失已缴纳保费的 50% 左右。我给出的是一个大概的比例，具体的比例会因你购买的险种不同而不同，但是无论你购买了什么险种，你都会遭受比较严重的损失。我们前面讲到的保险的强制储蓄作用，就是指你因保险的退出成本高而不敢轻易退保，通过长期地、连续地缴纳保费，为自己在获得保障的同时积累了一笔财富。这一点有些类似于房贷，你一旦贷款买了房，就绝对不敢轻易断供，因为银行会将你列入“不良信用客户名单”，以后你就很难从银行获得贷款了；再有，你的房产是抵押在银行手里的，如果你长期不还款，银行就会处置你的房产。高昂的断供成本迫使你必须按期偿还银行的房贷，而按期偿还房贷的结果，是你在还款结束后拥有了一套属于自己的房产。从某种意义上讲，房贷也是一种强制储蓄，甚至比保险的强制性还要强，因为房贷的退出成本更高。

记住：如果你已经购买了保险，就一定不要轻易退保，因为退保损失很大，这一点你在购买保险前一定要想清楚。切记！

保险合同变更

如果在保险合同期间，你想变更受益人或其他内容，那么你需要与保险代理人沟通或者直接到营业厅提出书面申请。保险公司同意变更后，会签发一张批单给你。你一定要把批单和保险合同放在一起，因为批单是保险合同不可分割的组成部分。

保单贷款

如果你购买的是具有储蓄性质的长期人寿保险，如两全保险、终身寿险、年金保险、理财型保险等，你就可以用保单进行贷款。具体内容如下：

1. 投保人用保单贷款，要经被保险人书面同意。
2. 保单贷款的额度一般是保单现金价值的 70% 到 80% 左右。
3. 保单贷款的利率通常比同期银行贷款利率低。
4. 保单贷款期间内，保单依然有效。
5. 投保人还款时可以选择一次性偿还或部分偿还。

如果贷款期限届满，你未能偿清贷款本息，那么你所欠的贷款本息将构成新的保单贷款。

如果你部分偿还贷款，那么还款额将首先用于偿还利息，然后用于偿还本金。

如果你不能到期偿清本息，那么当贷款本息小于保单现金价值的一定比例时，保险合同终止。

记住：不到万不得已，不要用保单贷款。如果用保单贷款，那么千万不要将这笔钱用于风险型投资，比如投资股票。

在缴费期间，交不起保费怎么办

如果你购买保险时选择的是分期缴纳保险费的方式，那么你就要按期如数缴纳续期保费，从而保证保单的有效性。如果你遇到资金困难，无法缴纳保费，那么有以下几种解决方法供你参考：

1. 利用宽限期缓交。保费缴纳通常有 60 天的宽限期，你可以用这段时间作为缓冲，用来筹措资金缴纳保费。

2. 用现金价值垫交。有些保单具有自动垫交保费的条款，你在投保时可以选择这种方式。只要你的保单的现金价值大于应交保费的数额，就可以用现金价值自动垫交保费。

3. 保单贷款缴纳。你可以利用保单向保险公司贷款缴纳保费。

4. 办理减额交清。你可以用保单的现金价值作为保费，一次性交清购买对应的全额的保障，这样可使你购买的原险种和保险期间不变，只是保险金额相应地减少。

5. 减少保额。减少保额就是部分退保，这样可以降低保险金额，相应地减少应缴纳的保费。

6. 利用中止与复效。你可以申请保单效力中止。但如果在此期间发生保险事故，保险公司将不承担给付保险金的责任。你在保单中止后两年内，仍然可以向保险公司申请保单复效，重新获得保险的保障。

7. 全额退保。你可以全额退保，退保后，你不仅要承担资金损失，还会失去保险的保障。

索赔

在保险合同有效期间，如果你发生了保险事故，那么一定要在第一时间报案，报案可以直接拨打保险公司的客户服务电话或联系你的保险代理人，因为你要问清楚你都需要准备哪些证明材料。在证明材料准备齐全后，你要尽快到保险公司（或通过保险代理人）索赔。

孤儿保单

如果在你的保险合同生效期间，你的保险代理人离职了，那么你的保单就成了“孤儿保单”。当你遇到这种情况时，可以拨打保险公司的客服电话，询问具体情况。通常情况下，保险公司会及时为你指派新的保险代理人来负责你的保单，并且你没必要担心，这丝毫不会影响你的保单的效力。

相信你看完本章，对保险在家庭理财中的重要地位、各种保险产品的作用和如何购买保险产品都有了清楚的认识，并大有收获。保险是家庭理财的必需品，是家庭财富的保护伞，是你一定要买的理财产品。衷心希望拥有保险的你能过上更加安心和幸福的生活。

第七章

一生重视婚姻理财

随着现代人生活观念的更新，选择单身这种生活方式的人逐渐多了起来。但是，婚姻这种生活方式仍然是绝大多数人的选择，是社会的主流生活方式。婚姻生活远比单身生活复杂，它不仅仅是夫妻双方的事情，还涉及父母、子女等家庭关系，甚至涉及亲戚、朋友等社会关系。影响婚姻生活质量的因素很多，其中一个非常重要的因素是财务问题，金钱常常成为“婚姻战争”的诱因，有关调查显示，80%以上的婚姻问题是由金钱引起的。因此，处理好婚姻生活中的财务问题，重视婚姻理财，对提高婚姻生活的质量会有极大的帮助，下面，我们就来讲讲婚姻理财的问题。

● 婚姻是你一生中最重要的投资

中国有句老话，叫“男怕入错行，女怕嫁错郎”。说这句话的前提是女人不工作，没有经济来源，家里的全部收入来源于男人的工作收入，因此男人就是女人的全部依靠。时过境迁，这句话在现代社会里已经有些不合乎时代特征了。现代社会倡导男女平等，女人和男人一样外出工作挣钱，甚至比男人挣钱还多，因此，“男怕入错行”应该改为“男女都怕入错行”，而“女怕嫁错郎”应该改为“女怕嫁错郎，男怕娶错娘（姑娘）”。这句话揭示了现实生活中的一个重要问题：婚姻无论对男人还是女人都非常重要，“同谁结婚”影响着夫妻双方以及孩子和父母的幸福。婚姻可能是你一生中最大的一笔“投资”，它有可能带来巨大的收益（美满的婚姻），也可能带来巨额的亏损（不幸的婚姻）。

我是在 1996 年经人介绍认识我现在的妻子的，一见面我就觉得她是个非常平和的人。经过一段时间的接触，感觉两个人的生活理念相当契合，我就认定她可以相伴终生。结婚头 10 年，我的事业一直不太顺利，除了两人的工资之外，家里的“外财”主要靠股票投资的收入。我是 1993 年进入股票市场的，经过七八年的磨炼，再加上 1996 年开始的“牛市”的助力，到 2000 年时，我手中已经积累了一笔钱。当时股票做得顺风顺水，我的头脑难免有些发热，风险意识淡漠，一心只想挣“大钱”。2000 年底，我看上一只股票，为此押上了全部身家，当时就想：“这次做完了，不光我这辈子，连儿子生活一辈子的钱都够了。”但是，市场并没有按照我期望的方向发展，2001 年股市由“牛”转“熊”，我买的股票也没能幸免，我几乎赔光了所有的钱。看着心爱的妻子和不满三岁的儿子，我觉得自己是全世界最没用的男人，我没有能力让自己的妻儿过上安定的生活。那时的我处于人生的最低谷，心情灰暗，觉得自己的前途渺茫。有一天，我跟妻子聊天，“老婆，我对不起你，你嫁给我实在是太委屈了，整天担惊受怕的”。她听完后平静地说：“没事，老公，我相信你一定会重新振作起来，万一没有成功，我还可以出去卖保险养活这个家。”很多年过去了，每每想起她的这句话，我都会感动不已。在妻子的陪伴下，我走出了人生的低谷，挣钱能力也大幅提升。由此，我深切地感受到：我的婚姻才是一生中最成功的一笔“投资”，是我挣到的一笔最大的“财”，我要用一生的时间来“持有”。我也确信，很多婚姻幸福的夫妻都会有同样的感受。相反，对于那些婚姻不幸的夫妻来说，婚姻可能是他们一生中最失败的“投资”，“嫁给你（或娶了你）是我一生中犯的最大的错误”，这句话对很多人来说都不陌生。

研究表明，同谁结婚会严重影响你未来的经济状况。如果你嫁给一个积极向上、努力拼搏、有事业心的男人，那么你未来的经济状况大都是健康、良好的；如果你嫁给一个不思进取的男人，你未来的经济状况就一定是令人担忧的。如果你娶了一个乐观、大度的女人，那么即使你在事业上遭受了挫折，你也有信心和动力东山再起；如果你娶了一个刻薄、势力、没有心胸的女人，你就很难拥有成功的事业，因为一个男人的道德水准会受到妻子的深刻影响，而一个道德水准低下的男人是很难在这个社会立足的。

同谁结婚会严重影响孩子的健康成长。如果一个家庭的父亲有事业心、有责任心，母亲乐观大度，那么孩子的成长环境就会健康，孩子就会有很强的安全感和幸福感，孩子也会用很健康的心态看待世界，这对于孩子一生的成长大有裨益。相反，如果父亲游手好闲、整天喝酒打牌，母亲整天怨天尤人，两人经常吵架，孩子就会生活在惊恐之中，久而久之，孩子的心灵就会扭曲，这将影响孩子一生的健康成长。

同谁结婚会影响你父母的幸福生活。一个好妻子或好丈夫，会孝敬对方的父母，而一个刻薄的配偶，会给你父母的生活添堵。如果你的婚姻美满，就会让你的父母少为你操心，这有助于他们健康长寿。你父母的生活幸福也会增加你自己的幸福感。

同谁结婚关系到你自己的幸福、孩子的幸福和你父母的幸福，所以你一定要慎重选择你的另一半。记住：婚姻不是你最大的财，就是你最大的债。

• 如何选择你的配偶

选择配偶需要从以下三方面考虑：

爱情

绝大多数的婚姻起源于爱情，爱情是婚姻不可或缺的重要因素和组成部分。人们常说："没有爱情的婚姻是不道德的。"这句话一点儿也没错，但是仅有爱情的婚姻是不稳定的，看看我们周围那些一见钟情、闪婚的男女，他们离婚的速度几乎同结婚的速度一样快。这是因为爱情和婚姻不是“孪生姐妹”，它们有以下本质上的区别：

1. 爱情需要激情，婚姻需要理性。

2. 爱情可以当饭吃，婚姻需要有饭吃。

3. 爱情不分阶层，婚姻要分阶层。

4. 爱情是两个人的事，婚姻还要涉及两个家庭。

5. 爱情是艺术，婚姻是技术。

由此可见，爱情是婚姻的起点，是维系婚姻的一个重要的因素，但绝不是婚姻的全部内容。

价值观

了解对方的价值观（价值观包含了理财观念）是否与自己完全相同或基本相同，这一点非常重要，它可以使你婚后免受多年的痛苦。价值观的冲突是产生婚姻矛盾的主要原因。试想一下，如果夫妻一方的人生哲学是及时行乐，而另一方是重视家庭，那么结果会怎样，这是不言而喻的。

很多人在恋爱时总想掩饰自己的弱点，总想把自己美好的一面展现给对方，担心真实的自己不能被对方接受。但是，你要明白，你不可能永远戴着面具生活，总有一天会呈现出自己的本来面目。因此，你最好一开始就以真实面目出现，向对方坦率说出自己的情况和一些想法，同时希望对方也能如此。虽然这样恋爱，可能会少了一些浪漫，但却多了很多真实，而这些真实会节约很多的成本，包括时间和金钱；婚后彼此之间也会少了很多指责，比如，“你结婚前一直骗我”，等等。

记住：价值观是婚姻最重要的基础，它将决定婚姻生活的质量。

家庭背景

“婚姻讲究门当户对”，这句话是很有道理的。家庭出身相当会让人们的生活理念和生活习惯大致相同，对待金钱的态度也会相似，因此，双方在生活上比较容易相互融合。如果一个从小就在富裕家庭长大的男人娶了一个女人，她的父母却是那种长期为了生活苦苦挣扎的人，那么他们的生活习惯和对待金钱的态度会有非常大的不同。如果两个人都按照自己的价值取向和生活需求进行消费，那么当一个人的需求和另外一个人不同时，就一定会发生家庭争吵，甚至可能演变成为持续的家庭战争。

记住：你可能能赢得对方的爱情，但你不可能改变他从小养成的生活习惯，那是二三十年的生活烙印，它不可能被你轻易抹去，而两人的生长环境类似则可以减少这种烦恼。

你要娶一个姑娘，最好先去看看她的妈妈。如果你不喜欢她的妈妈，那么估计你也很难喜欢她的女儿。当然，也有孩子跟父母完全不同。

婚姻是一生中最大的投资，所以一定要慎重选择“合作伙伴”，这在某种程度上决定了投资的成败。

● 婚前公约

婚前双方应该对婚后可能涉及的重要财务问题进行约定，处理好这些问题对提高婚姻质量有很大的帮助。

婚前财产公证

我个人是不主张做婚前财产公证的，夫妻双方的婚前财产本来就是各自的个人财产，没有必要公证。婚前财产公证会严重伤害双方的感情。除非夫妻一方是富豪，否则我不建议普通的夫妻做婚前财产公证。

财务信息公开

我有一个朋友，他开了好几家公司。有一次，我跟他聊天，我问他："你知道自己有多少钱吗？"他说："大概知道。"我又问他："你妻子知道你有多少钱吗？"他说："不知道。"我说："万一有一天你出现了意外事故，你妻子怎么知道你留下多少财产？"他恍然大悟，说："今天我就跟妻子说清楚。"

夫妻之间财务信息不透明的现象，在很多人的婚姻中存在，这实际上是婚姻理财中的一个重大风险，一旦有一方发生意外，就有可能让这个家庭的财产旁落他人。更可怕的是：如果有一方瞒着对方，私自对外举债，那么一旦一方发生意外，就会给对方的生活造成巨大的伤害。

婚姻中的财务信息管理应该是公开的、透明的，这样才能有效地规避财务风险，才能让婚姻生活健康、幸福。

对外担保

不要为你朋友的债务提供担保，一旦你的朋友不能按时还债，债主就会找到你的头上，你就成了债务人。顺便再说一句，最好别借钱给你的朋友，除非是救急（疾病和意外伤害），否则，很可能你会连钱和朋友一起失去。

夫妻共同理财

“家里是由男人理财还是由女人理财呢？”经常有人问我这个问题。我的回答是共同理财。钱是两个人挣的，也应该由两个人管。首先，由夫妻二人共同参与制订家庭理财总体方案，方案内容包括：哪些钱用于消费，哪些钱用于储蓄，哪些钱用于投资，哪些钱用于保险，等等。其次，确定夫妻二人理财工作分工，比如，由丈夫负责投资，妻子负责消费、保险和储蓄。最后，夫妻二人需定期检查理财方案的实施情况，并对方案进行修订。夫妻共同理财可以让双方都参与其中，发挥各自优势，减少理财矛盾。当然，如果有一方没有时间、没有精力、没有兴趣，那么也完全可以交给另一方打理，而另一方最好定期通报一下理财情况，这样才会让家庭财务透明。

怎样面对妻子“乱花钱”

在我刚结婚不久时，有一次，我妻子在理发店烫了一头卷发，我觉得很漂亮。可是，没过两星期，她又去理发店把头发拉直了。我很生气，觉得她乱花钱，就把这事跟公司一位女同事说了。她听后一笑，说：“女人都这样。”

我相信有很多男人都有过类似的经历，都因为妻子“乱花钱”生过气。其实，这根本没必要。女人在消费方面跟男人有着本质的不同，男人买东西注重实用和传统，而女人则追求新鲜和变化。女人都喜欢头发直了要烫弯，弯了之后再拉直；头发短了要留长，长了之后再剪短；头发黑了要染黄，染黄之后再染黑。总之，女人就是爱“折腾”。男人最好睁一只眼，闭一只眼，就当没看见。这样家里就少了矛盾，多了欢乐。其实，绝大多数女人花钱时都心里有数，不会太过分。关于这个问题，男人只要在婚前提醒女人适当注意就可以。

公平对待双方父母

很多夫妻都会因为给一方父母的钱多，给另一方父母的钱少而产生矛盾。一般来说，女人比较细心，对自己父母的关心、照应总会多一些；男人不那么细心，往往对父母关心不够，在物质上多给父母一些补偿也在情理之中。再有，夫妻双方的家庭背景不同，经济条件各异，往往会造成一方父母“多吃多占”。夫妻二人应该把这个问题放在桌面上谈清楚，相互给予包容和理解。“多吃多占”的一方，应该对另一方心怀感激，找机会给予对方一些补偿，千万别认为“多吃多占”是应该的。

小金库

很多夫妻都有各自的“小金库”，建立小金库是为了实现各自的“财务自由”，这种现象很难杜绝。但是，建立“小金库”的前提是不能影响家里的“大金库”。如果“小金库”中的钱多到一定程度，就应该向“大金库”回流，否则，一旦被对方发现“小金库”，就无疑会引发“家庭战争”。因为“小金库”中钱的数量决定“小金库”的性质，拥有过大的“小金库”属于家庭财务背叛行为。关于“小金库”大小的衡量标准，我在这里提出一个可参考的标准：家庭存款的5%。比如你家的存款是10万，那么你的“小金库”不应该超过5 000元，超过了就应回流到“大金库”。我的这个标准是参照上市公司“大股东”的标准制定的。

公平对待双方亲属

婚姻不仅涉及两个人之间的关系，它还涉及两个家庭之间的关系。所谓的两个家庭，不仅包括双方父母，还包括双方的其他亲属。如果你家的穷亲戚很多，今天这个人来借钱，明天那个人要赞助，那么这一定会引起你妻子的不满，甚至会威胁到你们婚姻关系的安全。你跟你的舅舅感情好，借给他的钱还不还无所谓，但这并不代表你丈夫也无所谓，最后很可能因为过多照顾你舅舅而伤害了你丈夫。两个人结婚后，要尽量避免同双方亲属之间财务上的往来，即使有，也要本着“救急不救穷”的原则进行安排（双方父母除外），这样不仅会避免夫妻之间的矛盾，而且会避免很多家庭之间的矛盾。

购房购车

很多年轻人在结婚时没有自己的住房，那么婚后什么时候买房子，是买大房子还是小房子，是买新房还是二手房，在买房子之前买不买汽车，是买档次较高的汽车还是买经济型的汽车，这些问题都应该在婚前协商好。房产是普通人一生中最重大的一项投资（也是消费），随着房价的不断攀升，对很多年轻人来说，购房的压力越来越大。有些人会说："现在不买，以后更买不起了。"这话有一定的道理，但是买得起买不起的关键因素是经济能力，而不是早晚。我认为买房一定要量力而行，不要过度借贷买房。关于这个问题，我在前面已经阐述过了，这里不再详述。关于买车的问题，我的观点是买房之前不买车，买车不要贷款买，因为买车是非常损耗钱财的一种消费。

何时生孩子

什么时候生孩子，既是生理问题和感情问题，又是财务问题。婚前双方就应该把这个问题协商好。

● AA 制是婚姻的陷阱

张女士和石先生于 2003 年年初结婚。为了结婚，他们贷款在北京买了一套住房，住房的首付是由石先生支付的，装修和家具的费用由张女士承担。两人在婚前做了财产约定：双方在结婚前各自拥有的财产，在婚后继续归各自所有；婚后理财采用 AA 制，由石先生负责偿还每月的房贷，张女士负担家庭的日常生活费用；如果离婚，那么房产每人分得一半。

婚后的第一年，两人相安无事，你花你的钱，我买我的衣服，互不干涉，两人都觉得这样挺好。2004 年春节之后，情况发生了变化。

石先生由于工作表现出色，被公司提升为部门经理，收入大幅增加，夫妻二人原本“旗鼓相当”的收入格局被打破了。石先生自己的消费水平随着收入的增加也提高了，穿的衣服、用的物品的档次也都有了明显提高（公司可以报销一部分费用）。但是，石先生每次和张女士逛超市，依旧是背着手，心安理得地看着张女士付账。张女士看在眼里，气在心里，可却找不到埋怨石先生的理由，因为石先生的所作所为并没有违反 AA 制的约定。这之后，夫妻间的关系开始有了微妙的变化。

2004 年夏天，张女士的一个中学同学从老家来北京出差，要来看看张女士。张女士很高兴，跟石先生说要请她的同学吃顿饭，石先生也很赞同。请客的那天，石先生倒很热情，又是点菜，又是倒酒，最后还主动付了账。张女士觉得自己在同学面前很有面子，非常高兴。可是一到家，石先生就递给张女士一张发票，要张女士还给他刚才的餐费。张女士非常气愤地说：“难道一顿饭也要分那么清楚吗？”石先生说：“我们可是 AA 制。”张女士非常无奈地付给了石先生餐费。当晚，两人大吵一架，吵架的主题是“你（石先生）究竟还爱不爱我（张女士）”。

无独有偶。过了一个月，石先生接到了舅舅的电话，舅舅称自己要盖房，钱不够，想跟石先生借钱。石先生在电话里爽快地答应给舅舅一万元，并表示还不还钱都没关系。在旁边的张女士一听就急了，说：“你对别人倒是大方，一给就是一万元，可是请我同学吃顿饭都要问我要钱，我过生日你都不送我礼物，在你心里我还不如外人。”石先生依旧回答：“我们是 AA 制，我有支配自己收入的自由。”从这次吵架以后，两人之间开始了长期的冷战，家里没有了欢乐。

最让张女士寒心的是，2004 年年底，张女士的母亲在家做饭时突发脑出血，住进了医院的重症监护室。张女士和石先生火速赶回老家，医生说张女士的母亲随时可能猝死，如果张女士同意给母亲注射一种进口针剂，那么可以暂时保住母亲性命，但张女士的母亲仍然可能成为植物人。当时，张女士非常需要石先生的支持。可是，石先生竟然说：“打一针要支付两千多元钱，如果妈成了植物人，那么以后开销更大。你可要想清楚，这些钱可都是咱俩的血汗钱，要是都投入在医药费上面，以后咱们哪还有钱养孩子啊！”听了石先生的话，张女士的心凉到了极点，她觉得丈夫如此绝情，连普通朋友都不如。因此，几个月后，张女士提出了离婚。

有关统计表明，AA 制婚姻的离婚率大大高于传统婚姻。个中原因很简单，婚姻是两个人的结合，其中非常重要的一点，就是双方财产的结合，而 AA 制是财产上的“同居”关系，同财产的结合根本不是一码事。AA 制婚姻追求的是平均和平等，但平均和平等的基础是实力和背景相当，包括双方收入相当，家庭背景相当，工作的稳定性相当，能够共同发展（升职和加薪），分担的家务相当，等等。一旦某种“相当”变为“不相当”，这种平衡就会被打破，且婚姻关系也如影随形地被打破了。很多 AA 制婚姻都由于夫妻中一方婚后收入的减少、生育子女、赡养老人、失业等原因，最终导致婚姻走到了破裂的边缘。此外，AA 制婚姻对孩子的成长也会造成不良的影响。因此，我认为 AA 制实际上是婚姻的陷阱。

• 金钱是婚姻生活的润滑剂

金钱是生活的必需品，也是解决很多生活问题的钥匙。在婚姻生活中，巧妙地使用钱，可以让婚姻生活更加和谐和美满。我们来讲一个在婚姻生活中巧妙用钱的故事。

王先生是一家公司的总经理，平时工作很忙，没有时间管家务，家里的事情统统由妻子打理。2002年，王先生的父亲去世了，王先生怕母亲独自生活孤单，就把母亲接来同住。这样一来，如何处理好婆媳关系，就成为王先生面临的一个难题。不过，王先生自有高招。他是这样做的：他经常给妻子一些钱，让妻子给王先生的母亲和姐姐买礼物；他还经常给母亲和姐姐一些钱，让她们给自己的妻子买礼物。王先生这样做的结果是婆媳相处融洽，家庭生活和睦，王先生从来不受“夹板气”。王先生说：“让她们互相送礼物，有三个目的。第一，是要她们了解我的良苦用心；第二，是让她们彼此之间感受到对方的友善；第三，是要她们通过别人的赞美（比如：你婆婆真是太好了！能有这样的儿媳妇真是福气啊！），来不断强化对对方的美好印象。这样一来，即使生活中有一些小矛盾，也能很快被化解。家里太平了，我在工作时，就没有后顾之忧了。”

在婚姻生活中巧妙用钱，不仅能融洽婆媳关系，还能和谐夫妻关系。有一次，我无意中听到两个女人聊天，其中一个人说：“前两天我给我丈夫洗衣服，从他裤兜里翻出几百元钱，我就没收了。然后，我昨天用这笔钱给自己买了件衣服。”我当时听了有些不解，回家问妻子原因，我妻子说：“这很容易理解，花丈夫的钱，会让妻子有做‘小女人’的感觉，她们会感觉很幸福。”从此以后，我就经常主动拿些钱给妻子花，妻子很高兴，家里也多了几分欢乐。

在婚姻生活中巧妙用钱的方法还有很多，你可以找到适合自己的方法，让你的家庭生活变得更美好。

• 离婚是最大的破财

我认识一对夫妇，他们已经一起生活了十几年，可男方却爱上了别的女人，向女方提出离婚。由于他是过错方，又心中有愧，离婚时，他将家里的全部财产都给了女方。虽已年过四十，但因为离婚，他又成为一个“穷光蛋”。这样的故事，每天都在我们身边发生着。

我不是说结了婚就不能离婚。如果夫妻之间确实存在性格不合、感情破裂等问题，那么是有必要离婚的。但很多婚姻的破裂是人为造成的，比如有些人在事业成功后，头脑膨胀，自我约束意识薄弱，行为上容易放纵自己，他们通过包养情人或婚外恋来丰富自己的感情生活。最终，这些事情被妻子发现，导致婚姻破裂，他们只能将自己的大部分家产给妻子作为补偿。虽然他们中的有些人重建了家庭，但生活却未必比原来幸福。我看过一份关于婚外恋的调查报告，调查机构调查了 30 对有过婚外恋经历的情侣，其中有 6 对情侣结了婚，其他 24 对情侣的恋情都无果而终。过了一段时间，调查机构又对上述 6 对夫妇进行了回访，发现其中的 4 对夫妇已经或正要离婚；另外的两对夫妇中，有一对表示生活很幸福，另一对表示生活还凑合。调查人员询问一个正要离婚的女士，说："当初你付出了很多精力才把他从别人手里"抢"过来，怎么现在你要放弃呢？"那位女士回答道："当初只顾抢人了，没看到他身上有那么多毛病。"

无论恋爱时多么浪漫，你最终都要回到现实生活中来。别让一时的浪漫毁了你的婚姻，也破了你的财。其实，能让男女长期相处的关系只有夫妻关系和朋友关系，绝对没有"情人"关系（不包括正常的恋人）。聪明的女人都应该牢记一条：千万别给已婚男人当情人，因为那样做很难有好结果。聪明的已婚男人也应该记住一条：婚外恋是最让你破财的一个"投资项目"。

离婚破财的另一层含义：离婚会给孩子造成巨大的伤害，影响孩子的健康成长，而孩子才是父母最大的财富。你要牢记：父母离婚，最受伤的是孩子，对父母而言，伤害孩子是最大的破财。

• 女人财务独立才是真正的独立

2005 年春节，是刘女士和马先生结婚十周年纪念日。在这个有意义的日子里，他们两个人却过得并不愉快，他们的婚姻出现了裂痕。

1994 年，刘女士大学毕业，被分配到一家国有工厂工作。那时候，马先生在厂里做技术员。后来经人介绍，两个人相识，并于 1995 年结婚。1997 年，就在他们的孩子快要出生的时候，厂里的经营业绩明显开始滑坡。工厂接连几个月无法为员工发工资，并开始裁员。马先生和几个朋友合计了一下，索性辞了职，自己做生意。刘女士则请了产假，回娘家生孩子。

刚开始时，马先生的生意举步维艰。他把自己家原来的住房当作公司库房，致使他晚上在家休息，就只能打地铺。马先生不让刘女士回家，因为家里连住的地方都没有。这样的生活一晃就过去了三年，这段两地分居的日子是他们夫妻感情最好的时候，马先生一有空就跑去看妻子和孩子，生活虽苦，但两个人都觉得很幸福。

经过三年的奋斗，马先生的生意渐渐步入正轨，他从朋友那里撤了股，开始自己单干。通过朋友介绍，马先生的公司接了几笔大订单，生意开始好了起来。之后，马先生买了房和车，把刘女士和孩子接回了家。虽然刘女士重新找到了工作，但马先生并不在意刘女士每月七八百元的薪水，他坚持要刘女士在家当全职太太，刘女士拗不过他，只能辞了工作。

刘女士每天接送孩子，操持家务，生活单调、乏味，虽然不再为吃穿发愁，但心里越来越有种空落落的感觉。马先生开始做得还不错，他一忙完公司的事，就回家陪妻子和孩子，但他逐渐感到跟妻子没有共同话题，因此回家越来越晚，后来索性以工作忙为借口，很少回家。刘女士看出了丈夫对自己的冷漠，想改变一下这种状况，却始终没有找到好的办法。这样的生活持续了将近 7 年。直到 2004 年年底，情况发生了变化。有一天，刘女士到酒店去看一个朋友，无意中看到马先生和一个年轻的女人很亲密地从电梯走出来，凭着女人特有的直觉，她明白丈夫有外遇了。刘女士的猜测从丈夫那里得到了证实。在经历了痛苦的思想斗争后，刘女士主动向马先生提出了试离婚。刘女士对马先生说：“我不要你一分钱，咱们先分居吧，过些日子再把离婚手续办了，这样对老人和孩子都好。”

2005年春节后，刘女士经朋友介绍，以自己多年存下来的一点儿私房钱为本钱，正式做了一个著名内衣品牌的区域代理人。多年未接触社会的刘女士，缺乏人际交往能力，对生意方面的应酬更是一窍不通。她起早贪黑，每天奔波于各家商场，费尽口舌推销产品，但一个月下来，她竟连一件内衣也没卖出去。但是，生活的压力不允许她停下来。功夫不负有心人，经过几个月的努力，终于有一家大商场接受了刘女士推销的第一批商品。

直到2005年秋天，刘女士和马先生的家人才知道了他们俩分居的事情。那时，刘女士的收入已经能养活自己了，她离开了家，自己在外边租了间小房子。马先生在和那个女人同居了几个月后，向那个女人提出了分手，他一个人回到了家里。此时的马先生已经有了悔意，他想挽回自己的婚姻，他通过各种方式劝刘女士放弃生意，搬回家住。刘女士的家人和朋友也都认为刘女士傻，劝她别赌气，可刘女士说：“我不是在赌气，我是在自立。”

时间一天天过去了，刘女士将全部精力都投入在工作上，在初步熟悉服装行业后，刘女士开始不满足于仅仅代理一个品牌的产品了，她特地去外地厂家进行了考察，又代理了两个服装品牌。而自始至终，刘女士都没找马先生要过一分钱。

这时，马先生对刘女士刮目相看了，在他多年的印象中，刘女士是离不开家、离不开他的，是不能独立生活的。可是，现在这一切都变了。马先生开始想尽办法让刘女士回心转意，他时常给刘女士打电话嘘寒问暖，晚上还经常约刘女士一起吃饭。2006年元旦，两个人终于一起回到了久违的家里。一年的动荡生活，让刘女士明白了一个简单的道理，那就是一个女人只有在经济上独立了，才能获得人格上的独立。

一个女人即使嫁了一个有钱的丈夫，也要出去工作。首先，工作会让你有事可做，使你生活充实，如果你每天都待在家里，那么难免会觉得空虚；其次，工作能让你接触社会，能让你在思想上与时俱进，回到家里也同丈夫有话可谈；第三，也是最重要的一点，工作让你有收入，自己挣钱自己花，会让你觉得“硬气”。

一个完全要靠丈夫养活的女人很难说是一个独立的女人。中国有句老话“吃人嘴软，拿人手短”。这句话在家里也同样适用。受惠于人的同时，必然要受制于人。再说，靠别人是靠不住的，我常说：“女人靠山山倒，靠人人跑，还是靠自己最好。”一个女人只有在经济上独立了，才会在生活中获得精神上的安宁，才会是一个人格独立的女人。

● 子女的理财教育

理财一定要从娃娃抓起。作为父母，对子女进行理财教育至关重要。在竞争如此激烈的社会，一个人要想获得成功，高智商、高情商和高财商缺一不可。所谓智商是一个人学习知识的能力；情商是一个人处理社会关系的能力；财商是一个人管理金钱的能力。我们的家长往往只注重培养孩子的智商，让孩子参加各种补习班，学习那些有用和没用的知识，而忽略了孩子的情商和财商教育，结果把孩子培养成了只会读书的“书呆子”。看看我们周围的“月光族”“啃老族”，看看那些大学没有毕业就欠下一屁股债的“卡奴”，我们就明白理财教育有多么重要了。

在现今社会生存，情商和财商往往比智商更重要。一个人成功与否，关键是其处理社会关系的能力和管理金钱的能力。而在众多的社会关系中，“金钱关系”又占了很大的比例，因此情商中又包含了很多的财商的成分，情商和财商是密不可分的。我说的理财教育，既包括财商教育，也包括情商教育。相反，平时大家都注重的智商教育，在现今社会中的重要性日益降低，那些所谓高智商的“不成功”人士比比皆是。有人做过统计，大学同班同学中，学习成绩排在前五名的学生，在步入社会后，他们的事业往往不是很成功；而那些学习成绩中等（甚至中等偏下）的学生，在参加工作后，事业却要比那些“高才生”成功得多。造成这种现象的原因可能是那些“高才生”的智商高而情商低吧。

绝大多数家长没有对孩子进行理财教育，觉得无从着手。其实这并不难，教孩子理财就是教孩子做人、教孩子生活。因此，父母的言传身教对孩子至关重要。这里，我把自己的一点儿经验跟大家分享。

言传身教

去超市购物前写出购物清单

每次去超市前，我都和妻子把要买的东西写下来，列出清单。如果我们是跟儿子一起去超市，就让儿子拿着清单（从儿子上小学开始）。进入超市后，我们就按照清单上所列的物品逐项购买，然后问儿子是否忘记了该买的东西（儿子有很强的参与感）。我们的原则是没有列入清单的物品，尽量不去购买（不是绝对的）。我们这么做的目的是告诉儿子：消费要有计划。

当着儿子的面给父母钱

逢年过节，我们除了给双方父母买东西，还经常给他们“红包”。我们大都当着儿子的面给“红包”。有一次过春节，我给我妈妈一个“红包”，过后我儿子对我说：“爸爸，你怎么给奶奶这么多钱？”我说：“爸爸是奶奶生的，是爷爷奶奶抚养大的，爸爸给爷爷奶奶多少钱都是应该的。”2008 年年底的一天，儿子突然对我说：“爸爸，我给你 50 元钱吧。”（从儿子 9 岁起，我每月给他 300 元零花钱。）我说：“为什么？”他说：“快过新年了，我想给你和妈妈每人 50 元钱，就是‘压岁钱’。”我当时感动得眼泪都要流下来了，我跟妻子说：“儿子这么小就知道孝敬父母了，这儿子真是没白养啊。”我跟妻子都高兴地收下了这 50 元“压岁钱”。你应该记住一点：你是怎么对待你父母的，你的孩子就会怎么对待你。

当着儿子的面给妻子钱

我经常当着儿子的面给妻子钱，我要告诉儿子一个道理，男人给自己的女人花钱是天经地义的事情。有一次，电视台主持人在采访我儿子时问他：“你长大挣钱干什么呀？”我儿子说：“给我未来的妻子和孩子花，当然还有我的父母。”

给朋友买礼物

我和妻子经常当着儿子的面给朋友买礼物，并且告诉他这是用来送人的。从儿子上幼儿园开始，儿子的好朋友过生日，我都会带儿子去买生日礼物送给他们。我跟儿子说："礼物可以增进你们的感情，让你们的关系更亲密。他过生日你送礼物，你过生日时，也会收到他的礼物。"有人对我说："孩子这么小，你就教他送礼这一套，会把孩子教坏的。"我说："你现在不教，等他长大也要教，这是迟早要学的。在中国，送礼是一种民俗，'礼尚往来'永远都不会变的。我们现在做的事情就是孩子们将来要做的事情。"

管理零花钱

从儿子 9 岁起，我每月 14 日给他 300 元零花钱（高中时涨到 500 元），并且规定零花钱不能预支，钱的用途为购买零食、课外书、杂志、游戏机、光盘，请小朋友吃饭、送小朋友礼物等。儿子拥有零花钱完整的支配权，但每笔支出都必须记账。儿子有个记账本，上面记载着每次花钱的日期、用途和金额。在每个月发钱的时候，我要检查他上个月的账目，看看花了多少，都花到什么地方了，还剩多少。我从不拖欠儿子的零花钱，每月都按时发放。儿子都认真地记好每一笔账，差不多每个月都有节余。理财是一种好习惯，记账是一种好习惯，计划消费也是一种好习惯，儿子从小养成这些好习惯，等他长大后，我就不用再为他操心了。

管理压岁钱

从儿子 5 岁起，儿子收到的压岁钱归儿子所有，儿子 5 岁前的压岁钱都被我和妻子“贪污”了。儿子每年有几千元的压岁钱，2008 年（儿子 9 岁）春节后，我在银行给儿子开了一张“一卡通”，把两万多元压岁钱存入卡内。我跟儿子约定，以后每年的压岁钱都存入这张卡；压岁钱只能用于投资，不能用于消费。在儿子 18 岁前，股票账户是用我的名字开的，我是账户投资管理人，但是投资收益和亏损都由儿子承担，我在投资股票、股票基金、债券基金之前，要征得儿子的同意。儿子现在年满 18 岁了，股票账户变成了他自己的名字，现在的股票账户由他自己管理了。

学会交易

记得儿子 10 岁的时候，有一天，儿子突然说：“爸，我手里有一张卡片，有个马来西亚的小朋友要花 100 元钱买。”我说：“什么卡片？”儿子说：“是我吃的干脆面里的卡片，我们这些小朋友都收集这些卡片。”我说：“你这张卡片别人有吗？”儿子说：“咱小区就我这一张，是关羽的头像。”了解到这个情况，我跟儿子说：“既然只有你这一张，就再等等，他还会找你的。”果不其然，第二天，那个小朋友又给儿子打电话，出价提高到 200 元。儿子问我卖不卖，我说再等等。第三天，那个马来西亚的小朋友带了 500 元来到我家，要买儿子的卡片。儿子问我怎么办，我说：“200 元卖给他。”事后，儿子问我为什么，我说：“你的卡片是独一无二的，你占有的是稀缺资源，因此你可以要高价。我让你 200 元卖给小朋友，原因有三点：第一，

200 元已经不少了；第二，做事情应该公平，凡事不能过分；第三，要让对方觉得买到了便宜，下次他还会找你。”从小培养孩子的交易习惯对提高孩子的财商是很有帮助的。

让孩子从小学习理财，对于孩子未来的成长，可以带来很多的好处。从短期效果看，孩子会养成不乱花钱的习惯；从中期效果看，会提升孩子投资的能力和处理人际关系的能力；从长期效果看，会让孩子具备独立生活的能力和家庭责任感，让孩子成为一个对社会和家庭有用的人。此外，孩子学习到更多的理财知识后，便会明白“天上不会掉馅饼”的道理，长大后就不容易受到欺骗，增强了孩子自我保护的能力。

总之，让孩子学理财的目的是为了把孩子培养成一个独立的人，一个成功的人，一个能承担家庭责任的人以及一个孝敬父母的人。一句话总结，就是让孩子成为一个有用的人。

婚姻生活离不开理财，处理好婚姻中的理财问题，会给婚姻生活增添一抹亮色。